Bien choisir sa religion avant la fin du monde

De Samir Bouadi

Le Polimentik : Dico non officiel de la politique, avec Abel Hermel, Mots Et Cie, 2006.

Avec Agathe Colombier-Hochberg

Dictionnaire des cons et autres génies, Pygmalion, 2015.

L'Affabuleuse histoire vraie de Jules Cardot, Fleuve Éditions, 2010.

26,5 auteurs qui n'existent pas mais qu'il faut absolument avoir lus, Marabout, 2008.

Traité ultime voire définitif des banalités : À l'usage des gens exceptionnels qui ne veulent pas le rester, Marabout, 2007.

La coupe du monde et autres footaises : Le dico non officiel, Mots Et Cie, 2006.

Samir Bouadi • Sébastien Dourver

Bien choisir sa religion avant la fin du monde

Pygmalion

ISBN : 978-2-7564-2032-5

« Ne perdons jamais de vue que ce sont des hommes libres que nous voulons former et non de vils adorateurs de Dieu. »

Le marquis de SADE

Sommaire

Cinq fois Dieu

L'heure du grand choix

Restez vivants, devenez croyants !

Ce livre s'adresse tout aussi bien aux athées qu'aux agnostiques ; à ceux qui ne croient pas comme à ceux qui doutent. Il est né d'un constat que tout un chacun peut faire : la religion est en train de prendre une place centrale dans nos existences, et la question se pose désormais de savoir quel camp choisir entre la croyance aveugle en un dogme, un dieu ou au contraire une Raison, une philosophie, une *way of life* rationaliste. En ce qui nous concerne, la lâcheté étant chevillée à nos corps et à nos âmes (qui, soit dit en passant, *a priori* n'existent pas) nous avons pris la décision de nous ranger du côté des plus forts. Parce que nos sociétés sont atteintes d'un mal incurable – la foi – nous décidons, à toutes fins utiles, de collaborer plutôt que d'entrer dans le maquis…

Et les raisons de cette déraison sont légions, comme celles du Diable.

Éteins les Lumières

En France, le vaccin révolutionnaire, après plus de deux siècles de diffusion parcimonieuse, aura favorisé une résistance organique, une génération d'anticorps idéologiques. On peut aussi parler de mithridatisation[1] en ce sens où le corps social s'est habitué à la trop petite dose de Raison. La laïcité à la française, au début virulente et active, s'est transformée en une vague règle de vie commune qui, aujourd'hui, est remise en question comme on relativiserait l'efficacité d'un traitement contre le rhume, si d'aventure une personne sur cent n'en ressentait pas les bienfaits. Une maladie sociale est en train de détruire les tissus qui couvraient jadis des zones sombres de la psyché humaine. Ce virus mutant, distillé par les savants fous qui nous gouvernent, croisement de laïcité et de lâcheté, c'est la laï-cheté (voir page 29). La rationalité est désormais considérée comme une croyance comme une autre. Nous sommes les contemporains d'un dérèglement des valeurs qui va bien au-delà d'une conception moralisante. Nous voilà dans les sables mouvants des incertitudes et des remises en question. La science elle-même devient douteuse. Nous nous sommes donc résolus à suivre le mouvement et nous allons vous aider à en faire de même. Fuyez le bon sens, et quittez le doute ! Entrez avec nous dans la grande marche des « regressistes »

1. Pas facile à prononcer, hein ? Mitr… Mitridi… Midtrida…

– néologisme de notre cru que nous préférons à « réactionnaires », trop politique – et grossissez les rangs des suiveurs qui tournent le dos à la trop hasardeuse aventure humaine ! On prend moins de risques à se cacher au cœur du troupeau que d'affronter une meute !

L'être humain qui, il y a peu, revendiquait son libre arbitre, est en train de revenir dans le giron des culs-bénits et des prophètes autoproclamés, et nous n'y pourrons plus rien. Jamais on n'aura autant laissé parler les croyants, les diseurs de mauvaise aventure ; jamais on n'aura été à ce point contraints de se soumettre à la loi des prêcheurs. Les événements récents – disons plutôt actuels – noient les fondations d'un confort existentiel fait du refus des punitions divines et des douleurs *post mortem*. En une pluie acide, quelque chose comme une colère est venue jusque dans nos contrées gonfler des torrents de boue vengeresse. Et franchement, pour peu qu'on y fasse attention, tout porte à croire que la fin du monde est proche.

Les signes ne trompent pas :

– la dette des pays riches,
– la multiplication des trottinettes dans les rues et de tous les engins à la con,
– la gueule des gens,
– le rosé pamplemousse,
– le rouleau de carton du papier toilette qu'on peut désormais jeter dans la cuvette,
– les produits sans gluten,
– la fonte des glaces.

Pas convaincus ? On pourrait compiler les exemples de cet inventaire à la Prévert, mais finalement, Prévert c'est chiant. Tellement chiant qu'il aurait pu figurer dans sa propre liste à la Prévert.

L'athée, les réalités…

Comme nous l'avons démontré, les signes annonciateurs de la fin des temps sont lisibles pour peu qu'on soit disposé à les déchiffrer. Regardez autour de vous. Soyez attentifs. Allumez la télévision, prenez le temps de discuter avec vos voisins. Le premier homme à avoir marché sur la Lune, le 21 juillet 1969, aura, on ne le sait que trop, prononcé ces quelques mots : « C'est un petit pas pour l'homme, un pas de géant pour l'humanité… » On devine, derrière cette fulgurance, un sentiment de fierté, mais aussi et surtout la confiance en un Avenir pour l'Humanité ! Pour Neil Armstrong, l'homme flotte enfin bien au-dessus de sa condition. Le mammifère pesant et cloué au sol est devenu un oiseau de feu qui fond sur sa proie ultime : la fatale pesanteur. Ahhh la science, ahhh la guerre froide qui réchauffe les ardeurs. Le zèle des terriens à se tirer la bourre sur le terrain de la conquête de l'espace, ça a plus de gueule qu'un génocide perpétré au nom d'une quelconque croyance… Depuis, nos ailes ont pris du plomb, la télévision – jadis miroir des vrais exploits (oublions le sport) – est devenue la loupe grossissante des tumeurs suppurantes qu'une maladie vénérienne appelée « téléréalité » n'a de cesse que de produire. La réalité de l'athée, c'est la téléréalité. Qu'il s'agisse de ce qui se passe sur nos écrans de télé, d'ordinateurs, ou tout simplement de la musique qu'écoutent vos enfants, l'évidence saute aux yeux : l'être humain est devenu con comme ses pieds. Point. Alors, pour l'athée qui se croyait au-dessus des lois divines, il reste la connerie à consommer sans modération. La même hystérie, la même chute d'organes, la même éjaculation précoce devant son Messi, sans e. Le joueur de foot fait autant de croyants, balle aux pieds… On parle du « plus grand joueur de tous les temps »… Ça veut bien dire qu'on imagine que la fin des temps, c'est maintenant…

Oui, les religions auraient dû se taire ce 21 juillet 1969, parce que pour monter jusqu'à la Lune, la prière ne sert pas à grand-chose, mais bon… C'est comme ça… Les présidents ricains prêtent toujours serment sur la Bible. On peut bien sûr arguer que la ferveur religieuse est une force, la force ultime. C'est vrai que les cathédrales, fallait y croire… Ceci dit, le Bon Dieu n'a pas beaucoup fait parler la poudre en des temps où sa présence eût été requise pour filer un coup de main aux gentils… Bref, on va pas trop s'énerver sur la question, restons prudents et revenons à ce qui nous occupe : les signes d'une fin des temps très proche.

La mort dans l'âme

Notre époque est celle du retour au religieux alors même que les avancées technologiques sont censées sauver l'humanité. Même si votre smartphone est devenu un appendice supplémentaire, un prolongement de votre corps, un assistant bienveillant, un disque dur de rechange pour le vôtre – votre cerveau –, il est évident que l'homme du XXIe siècle n'a pas plus envie que ça de devenir totalement rationnel. Au XIXe siècle, lorsque l'industrie et la science ont bouleversé les paysages et les mentalités, les croyances les plus folles, les délires les plus insensés ont immédiatement repris du terrain sur les avancées médicales, techniques, voire philosophiques. Des mages, des druides, des médiums, ont tenté de faire un bras d'honneur à tous les couillons de chercheurs qui se perdaient dans une quête effrénée de la vérité, quitte à découvrir que tout n'est que chaos, et que rien ni personne ne préside à quoi que ce soit dans ce foutu monde. Un constat fier s'imposait : *a priori*, Dieu n'existe pas. La réponse, cinglante, aurait pu être la suivante : « Vous n'y comprenez rien, je viens de parler avec ma grand-mère, morte depuis cinquante ans, elle me dit de vous dire que votre père se la donne grave au paradis et que de là où il est, il rigole bien lorsqu'il vous entend affirmer que l'homme doit se prendre en main et se détourner de toutes croyances pour affronter le réel. En même temps, il vous trouve touchant… »

Et pourtant, n'aimeriez-vous pas croire ? Le soir, quand votre conjoint vient de vous quitter, n'aimeriez-vous pas croire que Dieu vous aime et qu'il a un plan merveilleux ? Bref, aujourd'hui comme hier, aucune découverte scientifique majeure n'a pu et ne pourra empêcher l'être humain d'avoir la foi, de prier, de s'agenouiller devant telle ou telle statue. L'humain est un être croyant. Croire, c'est refuser l'effroi du monde, refuser de se soumettre à l'idée que rien n'advient après la mort, rejeter la putréfaction silencieuse au cœur des ténèbres.

C'est quoi la solution ? Devenir immortel ? Bien sûr ! Regardez ces grands patrons de la Silicon Valley, ces nouveaux prophètes qui brassent des milliards juste parce qu'ils ont eu la bonne idée de mettre de la publicité sur un écran où vous passez votre temps à raconter votre vie de merde à des gens qui ne vous connaissent pas et qui s'en foutent, trop occupés qu'ils sont à vous envoyer une photo de leur assiette de moussaka avec un sous-titre du genre : « PTDR le régime !!! », ces types-là, ces gourous de la coolitude qui placent leur pognon dans des paradis fiscaux n'hésitent pas à affirmer que l'éternité c'est pour bientôt… En effet, se sentant éligibles au statut d'immortels *because* trop importants pour crever comme tout le monde, les voilà qui financent à coups de millions gagnés sur le dos de crétins boutonneux – on appelle ça des geeks, certains n'ont pas de boutons – des recherches très ambitieuses, pour reprendre l'euphémisme. Tu m'étonnes, ambitieuses… Il s'agit juste de mettre ton cerveau dans un ordinateur, comme ça, tu meurs jamais. Mais t'es quand même devenu un ordinateur. Pire : imaginez vivre éternellement dans votre corps, avec la même tête. Encore pire : imaginez que ce sera aussi le cas pour votre conjoint, votre conjoint immortel à vos côtés pour toujours… Courage, prions. Car la force de ces gens qui aspirent à ne jamais finir, c'est justement de reprendre une idée qu'on trouve quasiment dans toutes les religions et qui répond à la trouille primordiale. Les voilà déifiés, puisque reprenant le « discours » de Dieu, finalement. Enfin, pas finalement et pas enfin non plus… Immortalité ? Pourquoi pas ? On a le droit d'y croire. Ceci dit, rappelons qu'aujourd'hui encore, on claque d'une mauvaise grippe… Mais c'est ainsi, même les plus rationnels d'entre nous finissent par croire. L'Homme est un être croyant qu'on vous dit ! Ou plutôt crédule. Du coup, pourquoi tourner le dos à notre nature ?

Nous le répétons, ce livre s'adresse aux athées comme aux agnostiques. Nous allons vous donner des pistes, vous guider vers cette nouvelle apostasie qui consiste à sortir du rationnel pour entrer en religion. Que vous soyez sincèrement prêt à croire ou pas, peu importe. Les raisons sont multiples qui prévalurent à l'écriture de ce petit livre. Tout d'abord, vous l'aurez compris, il ne fait pas bon nier l'existence d'un être supérieur. Par les temps qui courent (vite), l'adhésion affichée à un dogme est une garantie de survie. Peut-être pas partout, mais franchement, tout porte à croire que le non-croyant est une espèce en voie de disparition. En société, l'athée va bientôt ressembler au fumeur, c'est-à-dire à un paria qui se retrouve seul sur le balcon en plein hiver ou sur un trottoir à tirer sur sa sucette à cancer. Le non-croyant peut aussi déranger, c'est-à-dire qu'il peut aussi, de par son arrogance, s'apparenter à un empêcheur de croire… Là, c'est dangereux. Attention, le croyant, le vrai, issu de croyants, est agressif. Les exemples ne manquent pas. Ils sont bien décidés à pratiquer librement leurs cultes, et l'espace public est envahi par des hordes de gens bizarres qui psalmodient mentalement les préceptes d'un dogme qui ne fait pas grand cas de la vie d'un être de peu de foi. Qu'on se le dise : la pratique de son athéisme, de son agnosticisme, est une insulte faite aux croyants et bientôt, le rationaliste devra se terrer, se cacher pour pratiquer librement. Comme au temps des premiers chrétiens, des espions vont balancer : « Untel ne croit pas, un autre doute… » À la nuit tombée, dans une petite ruelle, le couillon qui aura eu la mauvaise idée de sortir sans sa Torah, sa Bible ou son Coran se fera zigouiller sans autre procès.

Sachez-le, à nos yeux, toutes les religions se valent ! Nous ne faisons pas de discrimination. Le seul fait de croire en Dieu constituant pour nous une pathologie, nous comprenons qu'elle agisse différemment selon les organismes rencontrés. La même maladie génère des symptômes différents selon l'état du patient, ses habitudes alimentaires, sa génétique, ses antécédents, etc.

La religion : la faim du monde

N'en doutez pas, le religieux convaincu, celui dont la conduite est dictée par des préceptes ancestraux écrits par on (ne) sait qui à une époque où on pouvait encore se vomir dessus ivre sans se retrouver n° 1 des vidéos vues sur Youtube, oui ce religieux-là a soif de conquêtes. Quelle que puisse être la nature de ses croyances, il est certain de détenir une vérité révélée. Il a beau déclarer qu'il vit dans le monde où la religion doit rester à sa place, c'est-à-dire dans les temples et à la maison, il n'a de cesse que de vous expliquer que c'est Dieu qui décide. Et le pire, c'est que ce croyant-là peut aussi se reproduire… On imagine les dégâts. À quoi bon faire de longues études, puisque de toute façon, il suffit de lire un vieux bouquin sacré pour savoir tout ou à peu près… D'ailleurs, la question se pose, pourquoi ces gens-là vont consulter un médecin en cas de pépin ? Puisque c'est Dieu qui a décidé qu'aujourd'hui c'est rage de dents, à quoi bon ? Bref, aussi sympathique soit-il, le croyant convaincu cherche à faire des émules. Mais en même temps, vous, quand vous avez des hémorroïdes, qui priez-vous ? La NASA ? Pasteur ? Vous ne valez pas mieux que le dernier bigot. Mettons de côté ceux et celles qui d'eux-mêmes se marginalisent en décidant de vivre leur amour de Dieu dans des lieux clos qu'on appelle de par chez nous des monastères… Ceux-là nous plaisent bien. Surtout les nonnes poilues. Mais pour la plupart, les religieux sont hors les murs et, discrètement ou pas, ils nous polluent. Ils seront à l'origine de cette fin du monde puisqu'ils vont bien finir par se foutre sur la gueule comme au bon vieux temps des guerres de religion qu'on appelle pudiquement aujourd'hui « guerres de civilisations ». Puisque l'interdiction des religions est une utopie et que dans les temples de la laïcité que sont les écoles françaises, on est en passe de donner des cours de théologie, le constat est sans appel : le religieux a faim du monde. Il veut le bouffer à sa sauce. Le non-croyant que vous êtes ne s'en rend peut-être pas compte, mais il est à deux doigts de se faire becter.

La lâcheté qui nous anime nous a permis de trouver les bonnes réponses à la grande menace ; rien de mieux que la trouille pour courir vite ! Il s'agit désormais d'adhérer, de faire croire que vous croyez. Il se peut que la foi vous surprenne en pleine dissimulation, mais cela ne nous regarde pas. Cachez-vous derrière la première kippa venue, la première croix, le premier hijab ! Le reste est littérature. Comme vous allez le découvrir en avançant dans votre lecture, nous avons pensé à tout. Nous partons du principe que pour bien dissimuler, il faut adopter une religion qui soit proche de vos penchants intimes, profonds, oubliés, refoulés… Rappelez-vous que nous pensons que l'être humain est né croyant. C'est la raison pour laquelle nous avons élaboré une sorte de QCM auquel vous devrez répondre. Les questions vont vous paraître étranges, décalées, parfois vulgaires et aussi franchement dégueulasses pour certaines, mais vous devrez y répondre honnêtement. C'est impératif ! Pour bien mentir, pour bien singer le croyant moyen, il faut se tourner vers la religion la plus en accord avec ce que vous êtes. Il ne s'agit pas de se déguiser, il s'agit d'incarner. N'est pas Tartuffe qui veut ! Imaginez le personnage de Molière plongé dans le monde arabo-musulman du XVIIe... Il aurait pu être crédible, sérieux ? Bon, on est d'accord. Il aurait moins fait le malin. Donc, le but étant de se fondre dans la masse des bondieusards, autant le faire bien. Comme tout QCM, une fois comptabilisés vos A, B, C, etc., vous serez renvoyés à la religion qui vous convient le mieux. Auparavant, vous aurez lu un panorama des cinq grandes religions. Nous vous guiderons pas à pas vers votre conversion. Les grandes questions que légitimement vous pourrez vous poser trouveront ici une réponse claire.

Ce livre n'est pas un guide à proprement parler, il s'agit plus d'un manifeste. En quelque sorte, vous avez entre les mains la Torah du goy, la Bible du mécréant, le Coran de l'infidèle, le mantra du matérialiste, la choucroute de l'anorexique, le Long Island de l'alcoolique anonyme.

La mauvaise foi

Si nous affirmons que Dieu n'existe pas mais qu'il faut feindre d'y croire pour s'en sortir, il en va différemment du diable. Nous pensons qu'il existe. Car lui est bien en chacun de nous, nous l'avons constaté.

Lui, il nous a donné des signes. Cela peut paraître paradoxal, mais nous ne sommes pas à un paradoxe près. C'est d'ailleurs tout l'intérêt de ce livre. Vous allez comprendre.

Notre proposition est simple : choisissez un camp, celui des croyants, parce que la raison pure ne trouvera bientôt plus sa place dans la cervelle des humains. Tout est fait pour que nos instincts les plus bas soient flattés. Seuls quelques résistants franchement couillus vont tenter de s'élever, mais la vague va les engloutir. Nous sommes faits pour gober toutes les conneries qu'on veut bien nous vendre, et la religion – à ce titre – est un produit supérieur aux autres dans la mesure où il promet toujours plus que n'importe quelle philosophie. Nous sommes des moutons de Panurge. Nous sommes faits pour suivre. Les quelques rares qui sortent du troupeau finissent toujours mal. Par ailleurs, tout porte à croire que le diable existe. Il n'y aurait pas assez d'arbres sur cette terre pour fabriquer le papier nécessaire à la notification – même écrite très très serrée – de toutes les horreurs que l'homme a subies et fait subir. Il en va tout autrement de Dieu. Vous en voyez souvent, vous, des miracles ? Nous, quand on n'a plus de pinard, on ne change pas l'eau polluée du robinet en vin, on va chez notre épicier, musulman ou pas. Le diable, quant à lui, nous prend par la main du début jusqu'à la fin. Nous sommes ses dévoués serviteurs. Sans vouloir faire de grandes phrases, admettons que l'être humain est une pourriture, à quelques très rares exceptions. Des exceptions comme nous, les auteurs de ce livre, puisque, nous faisons œuvre charitable en vous indiquant le chemin d'une rédemption qui, pour être totalement bidon, peut néanmoins vous sauver la peau. L'homme est mort, dans l'idée qu'on s'est faite de lui, à travers les artistes, les chercheurs, les poètes, et il reste donc un linceul. Cette peau de chagrin, bien fripée, c'est votre robe de bure. Votre camouflage. Soyez prudent et si, après avoir choisi votre religion avant la fin du monde, vous trouvez la foi, sachez que nous déclinons toute responsabilité.

Des chiffres et des prêtres

Ethnique ta mère ?

Il n'existe pas en France de statistiques religieuses complètes et fiables à 100 %. En effet, vous avez sans doute entendu dire régulièrement que les « statistiques ethniques » sont soit « caca » soit « un outil de mesure indispensable pour aider la France à piloter son immigration et au fait je suis candidat à telle élection ». OK, mais ça veut dire quoi ethnique ? Vaste débat. Aux États-Unis, lors du recensement, on demande aux gens s'ils sont de type « hispanique » ou encore « caucasien » (pour info ça désigne les Blancs). Et cela ne soulève pas de polémique. Mais chez nous, c'est un sujet sulfureux, comme on dit, et très politique. Mais, ethnique, ce n'est pas religieux, si ? Ben si… En France, l'interdiction de recueillir des statistiques ethniques englobe les statistiques religieuses. Une interdiction pavée de bonnes intentions, en particulier celle de ne stigmatiser aucune communauté. Un héritage de l'esprit révolutionnaire et de la fameuse laïcité (on s'occupe d'elle au chapitre suivant).

Ainsi, en 1872 une loi interdit déjà de poser la question de la religion lors du recensement estimant qu'il s'agit de la vie privée. Mais la loi qui met tout le monde pas d'accord, c'est la loi informatique et libertés de 1978. Elle réglemente le fichage des Français. Son article 1, comme souvent avec les articles 1, est plein de bonnes intentions suffisamment vagues pour laisser place à tous les imbroglios : « L'informatique doit être au service de chaque citoyen. Son développement doit s'opérer dans le cadre de la coopération internationale. Elle ne doit porter atteinte ni à l'identité humaine, ni aux droits de l'homme, ni à la vie privée, ni aux libertés individuelles ou publiques. » Débrouillez-vous avec ça ! Or donc, la religion, c'est la vie privée selon le principe de laïcité. Enfin, plus ou moins… Contrevenir à cette loi, c'est juste s'exposer à cinq ans ferme et 300 000 euros d'amende.

Il n'y a donc pas de statistiques religieuses officielles en France, mais uniquement d'incertaines et éparses études d'opinion (Vous croyez en Dieu ? Un peu, beaucoup ou à la folie ?).

Comme référence dans ce livre nous nous sommes donc tournés vers une source étrangère. Nous avons opté pour les chiffres de 2010 publiés en avril 2015 dans l'étude « Le futur des religions du monde » du Pew Research Center (PEWforum.org). Nous avons choisi cette source car nous sommes des Illuminati[1]

1. On plaisante.

et pour plein de raisons hyper intelligentes. Elle offre un panorama global mondial et est donc un outil de comparaison précieux. Elle inclut une projection des tendances religieuses jusqu'en 2050. En croisant avec d'autres études, il nous a aussi semblé que les chiffres publiés étaient raisonnables et cohérents. Surtout, c'est une source américaine financée par des fonds indépendants. Sinon, nous aurions pu nous tourner vers le World Fact Book, publié par la CIA chaque année (www.cia.gov/library/publications/the-world-factbook/) et qui recense – entre autres – les données religieuses. Mais cela nous paraissait moins… indépendant. Enfin, si les stats vous intéressent (ça arrive, c'est pas plus con que de collectionner les Pokémon), nous vous conseillons le site eurel.info dont le projet est de recenser les données sociologiques et juridiques sur la religion en Europe. Vous pourrez par exemple y apprendre, dans une étude de l'IFOP, que 45 % des Français croient que le Graal a existé.

Voilà, tout ça pour vous dire que tous les chiffres sont des évaluations, donc des approximations, quels que soient le pays et la religion en question. On pourrait encore débattre de la définition d'un croyant ou d'un pratiquant pour chaque religion, mais à un moment quand faut y aller, faut y aller ! Alors, c'est bon, on va maintenant vous présenter les cinq plus grandes religions dans le monde dans l'ordre décroissant de leur nombre – évalué ! – de croyants et faire des détours par quelques autres. Ces cinq religions représentent à elles seules, grosso modo, 5,5 des 7 milliards d'humains.

Athées : risques et périls

Contrairement à ceux qui les commentent, les chiffres ne mentent pas. Voici l'état des lieux de la religion dans le monde, toujours selon le Pew Research Center – prononcez piou risserche san'teur.

	Population en 2010	% de la population mondiale 2010	Projection de la population en 2050	% de la population mondiale en 2050
Chrétiens	2,168,330,000	31.4	2,918,070,000	31.4
Musulmans	1,599,700,700	23.2	2,761,480,000	29.7
Sans religion	1,131,150,000	16.4	1,230,340,000	13.2
Hindous	1,032,210,000	15.0	1,384,360,000	14.9
Bouddhistes	487,760,000	7.1	486,270,000	5.2
R. populaires	404,690,000	5.9	449,140,000	4.8
Autres	58,150,000	0.8	61,450,000	0.7
Juifs	13,860,000	0.2	16,090,000	0.2
Total	6,895,850,000	100	9,307,190,000	100

Source : Pew Research Center / The Future of World Religions : Population Growth Projections, 2010-2050.

Trois précisions :

– Les religions populaires désignent les religions qui sont rattachées à un peuple ou une région. Elles peuvent incorporer des éléments d'autres religions et ne disposent pas toujours de textes sacrés. Par exemple : les religions traditionnelles

africaines ou encore les religions populaires en Chine.
- La catégorie « autres », comme son nom l'indique, concerne toutes les autres religions. Nous en évoquerons certaines comme le shintoïsme ou le jaïnisme, mais il y en a énormément.
- « Sans religion » désigne les athées (ceux qui ne croient pas en Dieu), les agnostiques (ceux qui doutent), mais aussi ceux qui croient en Dieu sans se rattacher à une foi particulière. En France ils seraient 30 % des « autres » à croire à une force supérieure et 68 % aux États-Unis.

Dans l'étude qui accompagne ces chiffres, les auteurs dégagent quelques grandes tendances. Entre autres :
- L'islam comptera presque autant de fidèles que le christianisme en 2050.
- En Europe, la population musulmane devrait atteindre les 10 %.
- L'Inde, bien que toujours majoritairement hindoue, sera le premier pays musulman du monde.
- Quatre chrétiens sur dix vivront en Afrique subsaharienne, l'Afrique noire.

Mais, et c'est ce qui nous intéresse au plus haut point, si les « sans-religion » devraient effectivement être 100 millions de plus en 2050, pendant ce temps-là, ils seront deux milliards de néo-croyants. Niveau part de marché, ce sera la chute libre : – 3.2 %. Eh oui, la religion progresse pendant, qu'en proportion, l'incroyance, l'indécision et le doute s'effondrent un peu partout dans le monde. Un peu partout, mais pas partout. Devinez dans quel pays 13 de ces 100 millions de néo-infidèles devraient apparaître…

France : la crise de foi

	Population en 2010	% de la population française 2010	Projection de la population en 2050	% de la population française en 2050
Chrétiens	39,560,000	63.0	29,900,000	43.1
Sans religion	17,580,000	28.0	30,570,000	44.1
Musulmans	4,710,000	7.5	7,540,000	10.9
Juifs	310,000	0.5	350,000	0.5
Bouddhistes	280,000	0.45	400,000	0.6
R. populaires	220,000	0.35	330,000	0.5
Autres	100,000	0.15	130,000	0.2
Hindous	30,000	0.05	70,000	0.1
Total	62,790,000	100	69,300,000	100

Source : Pew Research Center / The Future of World Religions : Population Growth Projections, 2010-2050

Joli tableau ! La non-religion sera, si nous ne faisons rien, la foi n° 1 chez nous en 2050. Mais quelle bonne idée ! 30 millions d'infidèles retranchés derrière le porte-avions Charles-de-Gaulle et notre flotte de Rafale face à 8 milliards de croyants dont 40 millions dans les murs. On va juste se faire défoncer.

La Laï-cheté à la française

La Révolution française a divisé le monde en deux catégories : ceux qui ont un pistolet chargé et ceux qui creusent ! Ah non, pardon, ça, c'est une citation du film *Le Bon, la Brute et le Truand*. La Révolution, elle, a divisé les hommes comme suit : les citoyens français et les autres, le reste du monde, les étrangers, quoi.

La révolution c'est aussi un sale quart d'heure pour les cathos en France. Les biens de l'Église sont vendus et les prêtres doivent faire allégeance devant la Constitution. Le pape, qui est un peu chatouilleux, a du mal à digérer l'affaire. Après une série d'embrouilles, Napoléon va passer un accord pour encadrer les liens entre l'État et le clergé. C'est ce qu'on appelle le Concordat de 1801. Rome renonce définitivement à ses biens – dont les églises – qui appartiennent désormais à la France mais en échange, l'État s'engage à rémunérer les prêtres.

La loi de 1905 sur la laïcité est une étape cruciale. Cette fameuse loi, si importante dans l'espace médiatique, sépare l'Église et l'État et met fin au Concordat. En substance, elle dit trois choses : l'État assure la liberté de culte, l'État n'en distingue aucun, l'État n'en subventionne aucun. Cette loi grave l'idée d'indifférenciation des citoyens en fonction de leur culte et coupe les ponts avec les institutions religieuses. Ça, c'est la théorie. En pratique, c'est un peu plus compliqué.

Première embrouille : les lieux de culte. Ceux construits avant 1905 appartiennent à l'État et leur rénovation est donc pour sa pomme – on pourrait dire notre pomme mais ça fait un peu démago et en plus nous pratiquons l'évasion fiscale[1]. Pour ceux construits après 1905 c'est, toujours théoriquement, aux institutions religieuses et leurs fidèles de se débrouiller. Dieu merci, l'État, dans toute sa laï-cheté, a trouvé plein de techniques pour donner un coup de pouce aux fois qu'il aime bien.

Il y a d'abord le coup du bail à 1 euro. Classique et simple : un terrain appartenant à l'État, loué pour une bouchée de pain. Autre recours en grâce : les associations d'intérêt général. Quelle bonne idée d'ouvrir un joli musée au milieu de votre lieu de culte ou bien de faire œuvre de charité envers vos concitoyens. Et quoi de plus normal que de recevoir alors des subventions publiques ?

Ah, les associations. La loi de 1901 réglemente, entre autres, les associations « cultuelles ». Ces associations n'ont pas le droit aux subventions de l'État. Mais, heureusement, elles offrent aux fidèles un abattement d'impôt de 66 % sur le montant des dons. Et vous qui ne savez pas quoi faire de

1. On plaisante.

votre ISF… Faites un don à l'association « Les amis qui veulent bien choisir leur religion avant la fin du monde »[1].

Notons enfin quelques arrangements entre amis. L'Alsace-Moselle avait la drôle d'idée de se trouver en Allemagne en 1905 et on ne l'a récupérée qu'en 1918. Du coup, le Concordat y est toujours en vigueur. Quatre cultes y sont reconnus : catholique, protestant luthérien, protestant réformé et israélite. Des cours de religion sont dispensés à l'école. Les prêtres et rabbins, rémunérés par l'État, sont considérés comme des fonctionnaires.

La Guyane ne reconnaît, elle, que la religion catholique. Un évêque y est considéré comme un agent de la fonction publique de catégorie A, un prêtre de catégorie B… Et il y a plein d'autres spécificités de ce genre dans les collectivités d'outre-mer.

1. On plaisante.

Cinq fois Dieu

Le christianisme : chacun sa croix

« Le christianisme et l'alcool, les deux plus grands agents de corruption. »

Friedrich NIETZSCHE

Il était une foi

Toute première foi

À tout seigneur tout honneur, en tête du hit-parade de la foi avec plus de deux milliards de fidèles et leader mondial depuis le XVIe siècle, même s'il est aujourd'hui talonné par l'islam, le christianisme est une success-story à l'américaine. **Jésus**, dans la religion, c'est Luke Skywalker et Yoda réunis, c'est un vrai Jedi. Le fils d'un charpentier qui devient la plus grosse star de l'histoire de l'humanité. Bon, attention, charpentier en Galilée il y a 2 000 ans, c'était une belle situation et c'était pas le taf qui manquait. Passons. Le christianisme, c'est reconnaître Jésus-Christ comme le **Messie** annoncé dans l'**Ancien Testament** et suivre son enseignement. C'est avoir foi en sa **résurrection**, puisque celle-ci nous offre **le salut** et nous délivre du Mal. Le Mal ? Attendez, mais de quoi nous accuse-t-on au juste ? D'abord on a rien fait et il paraît même qu'on est plutôt une bonne poire.

Une pauvre pomme, ouais…

Ce dont nous sommes accusés, c'est le **péché originel**.

Petit rappel des faits. Dieu vient de se taper une grosse semaine de boulot. Les cieux, la Terre, les animaux… attention c'est du sur-mesure. Cerise sur le cosmos, Dieu décide de créer l'homme « à son image » (Genèse 1:27). Il avait vraisemblablement déjà inventé le miroir. Ce premier homme, c'est **Adam**. Et Dieu, qui sait recevoir, installe Adam dans le **jardin d'Éden**. Le jardin d'Éden, c'est le paradis. Un club de vacances naturiste avec buffet à volonté. Enfin, presque à volonté. Parce que Dieu a inscrit un seul alinéa au règlement de la copropriété : il ne faut sous aucun prétexte toucher à Son pommier. Il sera inflexible.

Avait-Il prévu de faire du jus de pomme ? Comptait-Il préparer un *Strudel* ? Était-ce un pommier qui avait une valeur sentimentale ? Nous l'ignorons. Ceci étant dit, l'interdiction avait le mérite d'être claire : « le jour où tu en mangeras, tu deviendras passible de mort »[1] (Genèse 2:17).

1. Pour toutes les trads de la Bible (même la Bible hébraïque), on a pris la version de la Bible de Jérusalem, sauf mention contraire. Pourquoi ? Là encore, il fallait bien prendre une décision. Sachez que notre préférée est la « Segond 21 » mais on n'avait pas envie de se faire traiter de protestants.

Tout ça pour une pomme, sérieux ?

Sauf qu'en réalité, dans la Genèse, il ne s'agit pas d'une pomme. D'ailleurs, nous trouvions très bizarre qu'un péché soit un chouravage de pomme et non de pêche. Si ça avait été un vol de pomme, Dieu aurait sûrement appelé le péché, un pommié. Le pommié originel. C'est notre avis. La pomme n'est qu'une représentation populaire. Et la Genèse ne mentionne qu'un **fruit défendu**, et pas n'importe lequel : celui de **l'arbre de la connaissance du bien et du mal**. Ça claque comme nom d'arbre, non ? On l'imagine avec un peu plus d'allure qu'un yucca. Adam pouvait, donc, se goinfrer avec tous les autres fruits du jardin. En particulier, ceux de **l'arbre de vie**, qui rendent immortel. Et Adam, c'est le premier mec, certes, mais c'est quand même un mec. Du coup, il ne se pose pas trop de questions dans la vie. Sauf une : il aimerait bien avoir un peu de compagnie.

Un homme et une femme

Et Dieu comprend. À la fois anesthésiste et chirurgien, après avoir endormi Adam, « Il prit une de ses côtes, et referma la chair à sa place » (Genèse 2:21). Et à partir de cette côte, Dieu créa **la première femme**, notre hyper-arrière-grand-mère. Et même si elle est la première, elle est comme toutes les femmes, elle a du mal à gérer sa frustration. **Le Serpent**, « le plus rusé de tous les animaux des champs »

(Genèse 3:1), lui glisse perfidement qu'elle ne mourra pas en croquant le fruit défendu. Crac, elle craque, elle croque. Adam qui, avouons-le, manque quand même un peu de personnalité, ne se fait pas prier pour en goûter un morceau. Et comme on dit : et là, c'est le drame. Alors, premier effet : nos deux naturistes prennent conscience qu'ils sont à poil et ils ont grave la honte. « J'ai eu peur parce que je suis nu et je me suis caché. » (Genèse 3:10), répond Adam, penaud, à Dieu qui le cherche pour tirer tout ça au clair.

Ève, lève-toi, faut qu'on y aille

Là-dessus, Dieu est furax et décide, puisque c'est comme ça, de serrer un peu la vis. Première décision : le serpent est condamné à ramper dans la poussière et il sera fâché avec la femme à tout jamais. Bon, il ne l'a pas volé.

En ce qui concerne la femme, primo, l'accouchement se fera dans la douleur, secundo, elle kiffera son mari, mais ce sera toujours lui, le boss, qu'elle le veuille ou non.

À propos d'Adam, Dieu, sans vouloir le froisser, prend quand même une série de décisions un peu radicales. D'abord, fini la bouffe gratuite. Terminé les grasses mat' et les brunchs tous les jours. À partir de maintenant, il faudra cultiver la terre et en baver pour espérer ne pas crever la dalle. Surtout, adieu l'immortalité. Eh oui, c'est pour ça qu'on va tous crever. Merci Adam, bien joué.

Juste avant d'être expulsé par son proprio, Adam donne à sa femme le nom d'**Ève**. Dieu qui, au fond, ne veut pas rester sur une embrouille, leur offre des habits en peau. Grand seigneur.

Ça va être long cette histoire ?

Un peu… mais nous voilà déjà à la fin du troisième chapitre de la **Bible** sur un total d'environ 1 200. Et vous êtes assaillis par une myriade de questions : l'histoire d'Adam et Ève est-elle symbolique ou à prendre au pied de la lettre ? Ce texte est-il d'un sexisme primaire ou, bien au contraire, un vibrant plaidoyer pour l'égalité dans le couple ? Le Serpent est-il une incarnation du Diable ou un symbole de liberté ?

Détendez-vous ! Faites comme nous, pensez à autre chose. Tournez la page ! Façon de parler, faut la finir avant de la tourner. Bref, prenez du recul. Si, si, vous allez voir, ça va vous faire du bien. Retenez que le péché originel a plongé l'humanité dans la vie terrestre, une vie de péchés, une vie séparée de Dieu. Ça craint. Mais ne sombrez pas tout de suite dans la dépression. Car un homme est venu nous sauver en rachetant nos péchés avec tout l'amour qu'il avait mis de côté. Quelqu'un est venu nous redonner espoir. Et non, ce n'est pas Superman.

Son fils, sa bataille

L'histoire de Jésus est relatée dans les textes du **Nouveau Testament**. Le Nouveau Testament a été écrit au Ier siècle de notre ère, pardon, de son ère. Il s'ajoute à l'Ancien Testament, qui correspond dans les grandes lignes à la bible hébraïque, le Tanakh[1], pour former la Bible, le livre saint des chrétiens. L'Ancien Testament aurait été compilé entre 800 et 200 avant... Lui. Nous vous dirons tout le reste, enfin, tout ce qu'on a envie de vous dire sur l'Ancien Testament au chapitre judaïsme (p. 137). Eh oui, ça s'appelle de l'organisation ! Ici, nous vous proposons de nous concentrer sur la vie de saint Bénilde, le saint patron des accordéonistes. Celui dont le pape Pie XII a dit lors de sa cérémonie de béatification : « Il fit les choses communes d'une manière non commune. »

Mais non, on déconne, on va parler de Jésus-Christ, enfin... Arrêtez de gober n'importe quoi.

C'est quoi le concept ?

Quand on n'a que l'amour

« Je vous donne un commandement nouveau : Vous aimer les uns les autres ; comme je vous ai aimés, **aimez-vous les uns les autres**. » (Jean 13:34.) Eh oui, Jésus nous aime tous sans exception. Tous,

1. ***Tanakh*** est un acronyme formé à partir de l'initiale du titre des trois parties constitutives de la Bible hébraïque : la *Torah* (la Loi ou *Pentateuque*), les *Nevi'im* (les Prophètes) et les *Ketouvim* (les Autres Écrits ou Hagiographes).

vraiment ? Adolf Hitler, le méchant dans *Seven*, votre beau-frère, Émile Louis, Oussama ben Laden, votre patron, Dark Vador, Staline, les fonctionnaires des impôts, le président de la République, Judas et vous. Oui, vous. Quoi qu'il advienne, Jésus vous aime, même si vous êtes moche et banquier. Ça fait du bien, non, de savoir que quelqu'un vous aime et vous aimera toujours ? Alors vous vous dites qu'on doit exagérer un peu, qu'on est de mauvaise… foi. Allez, suivez-nous pour une randonnée spirituelle et grimpons rejoindre Jésus au sommet de son art pour le plus célèbre discours de tous les temps : **le sermon sur la montagne.**

Là-haut, sur la montagne

Si, si, vous connaissez. Le sermon sur la montagne, c'est celui qui commence par : « **Heureux ceux qui ont une âme pauvre, car le Royaume des cieux est à eux.** » (Matthieu 5:3.) On a plutôt l'habitude de dire : « Heureux les pauvres d'esprit, le royaume des cieux leur appartient. » Mais non, Jésus ne vient pas de vous traiter de gros débile, enfin. Et il ne vient pas non plus de vous expliquer que c'est en regardant la télé six heures par jour que vous finirez au paradis. C'est une phrase sur l'humilité. D'ailleurs, la dernière traduction en date (Segond 21) dit : « Heureux ceux qui reconnaissent leur pauvreté spirituelle, car le royaume des cieux leur appartient ! »

Mais revenons à ses brebis, enfin, à nos moutons. Dans les années 30 (pas 1930, les années 30 tout court), Jésus est en début de carrière, il s'adresse à la foule du haut d'une montagne près du lac Tibériade. Ce discours est retranscrit par 111 versets de l'Évangile de Matthieu. Le sermon sur la montagne est souvent considéré comme un concentré de la pensée chrétienne. Ah bon ? Et par qui, d'abord ? **Gandhi**, par exemple, a dit qu'il avait d'abord pensé que le christianisme « c'était la liberté d'avoir une bouteille de whisky dans une main et un bifteck dans l'autre », avant de se raviser : « Le sermon sur la montagne me prouva mon erreur. »[1]

Jésus et Gandhi : même combat ! Façon de parler, car le sermon sur la montagne est, entre autres, un texte fondateur de la pensée non-violente.

Faites l'amour, pas la guerre

Tout le monde connaît la loi du Talion. « Vous avez entendu qu'il a été dit : *Œil pour œil et dent pour dent.* Eh bien ! moi je vous dis de ne pas tenir tête au méchant : au contraire, **quelqu'un te donne-t-il un soufflet**[2] **sur la joue droite, tends-lui encore l'autre**. » (Matthieu 5:38-39.) Il n'est même plus question de se bastonner en boîte de nuit, surtout si la discothèque de votre zone industrielle

1. Jean-Marie Muller, *L'Évangile de la non-violence*, Fayard, 1969.

2. Un soufflet, c'est une tarte et pas un gâteau. Enfin, c'est une gifle, quoi…

favorite s'appelle le Saint, le Paradise ou encore l'Éden, ce qui n'est pas rare. Il vous faudra désormais vous faire bourrer la tronche avec le sourire. Et Jésus va encore plus loin : à celui qui veut « prendre ta tunique, laisse-lui même ton manteau » (Matthieu 5:40). Ainsi, si on vous demande votre smartphone dans le métro, proposez au racketteur de prendre aussi votre conjoint. En fonction de votre conjoint, cela peut être fort déroutant pour l'agresseur. Jésus conclut même ainsi ce passage : « À qui te demande, donne ; à qui veut t'emprunter, ne tourne pas le dos. » (Matthieu 5:42.) Plus question de dire à Jojo le clodo que vous n'avez pas de monnaie en faisant semblant de tâter vos poches. Surtout, comme nous vous le disions plus haut, Jésus assène un message d'amour inconditionnel : « **Aimez vos ennemis**, et priez pour vos persécuteurs. » (Matthieu 5:44.)

Une montagne de citations

Le sermon sur la montagne, dans l'Évangile de Matthieu, est un florilège de maximes célèbres. Dans ce cadre, nous vous proposons un petit jeu : parmi les citations suivantes, lesquelles font partie du sermon sur la montagne ? C'est parti pour le Jésus or not Jésus :

1. « Vous êtes le sel de la terre. »
2. « Si on s'était pas arrêtés trois quarts d'heure, on serait arrivés trois quarts d'heure plus tôt. »
3. « À chaque jour suffit sa peine. »
4. « De grands pouvoirs impliquent de grandes responsabilités. »
5. « Ne jugez pas afin de ne pas être jugés. »
6. « Cass'toi pauv'con. »
7. « Qu'est-ce qu'un homme qui croit, si ce n'est un homme qui espère ? »
8. « Qu'as-tu à regarder la paille qui est dans l'œil de ton frère ? Et la poutre qui est dans ton œil à toi, tu ne la remarques pas ! »
9. « Je suis Jésus-Christ, que vous l'acceptiez ou pas. »
10. « Demandez et l'on vous donnera. »
11. « Je ne me sens coupable de rien. Je me sens mal pour ceux qui se sentent coupables. »
12. « La peur mène à la colère, la colère mène à la haine, la haine mène à la souffrance. »
13. « Ainsi, tout ce que vous voulez que les hommes fassent pour vous, faites-le vous-mêmes pour eux. »[1]

---

1. 1 Jésus / 2 Not Jésus : Johnny Hallyday sur le Paris-Dakar / 3 Jésus / 4 Not Jésus : L'oncle de Spider-Man / 5 Jésus / 6 Not Jésus : Nicolas Sarkozy / 7 Not Jésus : encore Nicolas Sarkozy / 8 Jésus / 9 Not Jésus : Charles Manson, gourou et tueur en série / 10 Jésus / 11 Not Jésus : Ted Bundy, tueur en série / 12 Not Jésus : Yoda / 13 Jésus.

Jésus donnant le départ de la foi chrétienne avec son pistolet magique invisible.
(*Le Sermon sur la montagne* par Carl Heinrich Bloch, 1890.)

Au nom de la loi

Ainsi, Jésus est venu pour remettre les pendules à l'heure – alors qu'elles n'avaient même pas été inventées. Il abroge la loi du talion, mais aussi, en vrac, prône la pauvreté matérielle et la richesse de l'esprit : « Vous ne pouvez servir Dieu et l'argent » (Matthieu

6:24), réaffirment les Dix Commandements (voir p. 185) et clarifie le sens de la prière, en nous offrant même la plus connue de toutes, **le Notre Père**. « Notre Père qui es aux cieux, que ton Nom soit sanctifié, que ton Règne vienne, que ta Volonté soit faite sur la terre comme au ciel. Donne-nous aujourd'hui notre pain de ce jour. Pardonne-nous nos offenses, comme nous pardonnons aussi à ceux qui nous ont offensés. Et ne nous soumets pas à la tentation, mais délivre-nous du Mal. Amen.[1] »

L'incroyable histoire de Jésus

Quelle histoire !?

Le problème avec Jésus, c'est que sa biographie est toujours un sujet… épineux. Eh oui, bizarrement, sa vie est sans doute la plus grande source de discordes de tous les temps. Est-il né à Nazareth ? Pas sûr. Et quand ? On n'en sait rien, mais avant J.-C., ça c'est certain. (On vous expliquera pas, c'est inintéressant.) Marie était-elle vraiment vierge ? Ouh là là… On avait dit pas la mère et pas les vêtements.

1. Comme la version de la Bible de Jérusalem n'était pas vraiment celle qu'on a apprise à notre éditrice au catéchisme, elle a décidé, en son âme et croyance, de ne pas utiliser cette dernière comme référence.

Micro Bio

Jésus naît donc vraisemblablement aux alentours de -5 avant lui-même (on a dit qu'on ne vous expliquerait pas) et pas du tout le 25 décembre. Réfléchissez, notre calendrier date du XVIe siècle…

Jésus est un juif de Galilée dont la famille est originaire de Nazareth. Sa mère est **Marie** et son père **Joseph** le charpentier. Enfin son père, façon de parler, car Marie tombe enceinte alors qu'elle est vierge. Bon, on la connaît tous cette histoire, elle est peut-être tombée enceinte par l'opération du **Saint-Esprit** ? Eh bien justement, c'est ce que **l'Ange Gabriel** va révéler à Joseph dans un rêve. Joseph est un mec vraiment classe, il ne veut pas déshonorer Marie qui est enceinte de six mois et il lui a même proposé une rupture discrète. Apprenant qu'elle porte le fils d'un autre mais que l'autre c'est Dieu, il décide de s'installer avec Marie et il « ne la connut[1] pas jusqu'au jour où elle enfanta un fils » (Matthieu 1:25). Joseph sait se tenir. L'ange Gabriel rend aussi visite à Marie pour lui dire que tout va bien, et qu'elle va accoucher du **Messie** et que le père c'est le Saint-Esprit, donc ça roule. Cette super échographie divine, c'est **l'Annonciation**. L'enfant vient au monde : c'est Jésus. Les rois mages débarquent à **Bethléem** pour voir **le roi des juifs**. Là, il y a un petit trou de trente ans dans sa bio. Eh oui, on ne sait rien de Jésus avant sa vie publique de Messie. Il

1. Ceinture, quoi.

y a bien des bribes de récits dans la Bible et dans d'autres textes de la même époque. Persécutions, fuite en Égypte, apprentissage de ses pouvoirs de fils de Dieu… Vous pouvez même trouver un évangile de l'enfance dans lequel Jésus donne vie à des oiseaux d'argile et tue deux gamins avec ses super pouvoirs mais le regrette après… Rassurez-vous, tout cela n'est pas validé par l'Église et donc n'existe pas !

Trente ans plus tard donc, Jésus s'engage auprès de **Jean le Baptiste**, son cousin, un sympathique ascète juif adepte de la natation qui prône le rachat des péchés par le baptême. La mort de Jean le Baptiste, décapité par le **roi Hérode** – qui lui reproche son union avec Hérodiade, l'épouse de son demi-frère Hérode, fils d'Hérode… une sombre affaire… – marque le début de la courte (deux ans et demi) mais immense carrière de Messie de Jésus.

Méta-fort

Jésus, un peu comme votre prof de maths au lycée, c'est le champion de la **parabole**. Des mini fables marquantes et symboliques qui subjuguent les mortels dans notre genre. Ainsi, dans **le bon grain et l'ivraie** et dans **le filet**, Jésus nous explique-t-il le fonctionnement du Jugement dernier : c'est à la fin du bal qu'on paie les musiciens – et il semble que tout le monde n'aura pas joué… juste. Dans les **ouvriers de la onzième heure** – si, si, vous connaissez : « Beaucoup de premiers seront derniers, et de derniers seront premiers. » (Matthieu 19:30.) –, Jésus nous explique qu'il n'est jamais trop tard pour bien faire. Dans **le bon Samaritain**, que les actes comptent plus que les mots, et encore dans **le fils prodigue**, ou dans **la brebis égarée**, l'importance pour Dieu dc sauver ne serait-ce qu'une âme perdue. Et ce ne sont que quelques exemples. Son hégémonie dans ce domaine n'est contestée que par Jean de La Fontaine, et encore, uniquement au registre zoologique.

Allô docteur ?

Autre grand talent de Jésus, qui impressionne toujours lcs foules : la médecine parallèle. Jésus est le plus grand **guérisseur** de tous les temps. Guérison d'un lépreux, guérison à distance, guérison de la belle-mère de Pierre – quel farceur ce Jésus –, guérisons à la chaîne, guérison d'un paralytique, d'une femme hémorragique, d'un homme malade depuis trente-huit ans, de l'homme à la main paralysée, de la femme courbée, guérisons en nombre, guérison de la fille d'une Cananéenne – qui n'est pas une habitante de Montréal –, d'un épileptique, d'un homme rempli d'œdèmes, de dix lépreux, de l'oreille d'un serviteur... Mais sa grande spécialité, c'est rendre la vue aux aveugles. Un à la fois, par deux, en groupe, de naissance, super combinaison aveugle et muet... Ces multiples récits expliquent pourquoi l'Église catholique est encore aujourd'hui attachée aux guérisons miraculeuses, quitte à être un peu Lourdes.

Un miracle à la foi

Résurrections, exorcismes et tours de magie. Jésus, c'est un peu de Merlin l'Enchanteur et de Ghostbusters. Son premier miracle ? Les noces de Cana. Essayons de bien nous mettre dans l'ambiance. Le fils de Dieu est invité à un mariage avec sa mère. Le genre de truc qui nous arrive à tous. Une insupportable injustice va pousser Jésus à utiliser ses pouvoirs divins pour la première fois. Imaginez, la fête ne fait que commencer quand une funeste nouvelle se répand. La Vierge Marie, qui a bien compris la gravité de la situation, alerte immédiatement le Messie : il n'y a plus de pinard. Damnation. Heureusement, Jésus change six jarres d'eau en vin. Et pas de la piquette. La foule acclame son sauveur.

Que dire encore du jour où Jésus a raté le bateau et a décidé de rejoindre les autres en marchant sur l'eau… Ben quoi ? Et les deux multiplications des pains ? Car il y en eut deux, une fois avec cinq pains pour cinq mille hommes, et l'autre avec sept pains pour quatre mille hommes. À moins que ce ne soit l'inverse. Sans oublier les pêches miraculeuses – il y en a eu deux aussi… –, les expulsions de démons, la transfiguration… Ah, oui, pas moins de trois résurrections – sans compter la sienne –, dont le fameux Lazare.

Quel scandale !

Mais avant tout, Jésus est un rebelle. Rebelle contre les autorités juives de l'époque, rebelle contre l'idée d'un

Dieu tout-puissant et inaccessible qu'il appelle notre père, rebelle contre les rites. C'est ce dernier point qui va causer sa perte, enfin pseudo-perte. Quelle perte pourrait bien subir le fils de Dieu ? Jésus n'a cessé de lutter contre les traditions extrêmes – comme ne pas agir en cas d'urgence le jour du chabbat –, ou bien les sacrifices d'animaux. Le problème, c'est qu'il va foutre en l'air le business de pas mal de monde, comme dans l'épisode de **l'expulsion des marchands du temple** où il va faire un burn-out. À l'approche de la Pâque juive,

— Amen toi !

(*Expulsion des marchands du temple* par Giotto, 1303-1306.)

Jésus disjoncte en arrivant au temple de Jérusalem rempli de marchands et de bureaux de change (!). Il se fait un fouet avec une corde et dégage tout le monde, façon policiers à vélo avec les vendeurs de tours Eiffel au Trocadéro.

La bande à Jésus

Parmi ses nombreux disciples, Jésus avait ses chouchous, son commando de l'amour. Ils ont parcouru le monde pour diffuser son enseignement, ce sont **les douze apôtres** :

Pierre, s'appelle Simon, mais Jésus décide de l'appeler Pierre… « Eh bien ! moi je te dis : Tu es Pierre et sur cette pierre je bâtirai mon Église. » (Matthieu 16:18.) C'est le boss des apôtres. Pêcheur du lac Tibériade, il largue tout pour suivre Jésus. Il est le premier pape de Rome et donc le fondateur de l'Église catholique. Il a été crucifié par Néron la tête en bas vers l'an 70.

André, le frère de Simon, euh, Pierre, pardon, est aussi un des apôtres les plus balèzes. Il est le personnage le plus important de l'Église orthodoxe. Il a été crucifié sur une croix en X. Ça change.

Jacques le Majeur, est un cousin germain de Jésus. Il a pas mal crapahuté du côté de ce qui est aujourd'hui l'Espagne. C'est lui, le Jacques de Saint-Jacques-de-Compostelle. Il est mort d'un coup de glaive, ce qui manque quand même de crucifixion.

Jean, le frère de Jacques. Un des chouchous de Jésus. Il est l'auteur d'un des quatre évangiles et de l'Apocalypse. *A priori* pas crucifié non plus. La honte.

Philippe, lapidé puis crucifié du côté de l'Asie Mineure, peut-être parce qu'il aurait été confondu avec André. La poisse.

Barthélemy, qui s'appelait peut-être Nathanael, la discussion est toujours en cours, aurait été jusqu'en Inde avant de se faire zigouiller en Arménie. Barthélémy aurait été crucifié, écorché et décapité. Reste à savoir dans quel ordre.

Thomas, le responsable du dicton : « Je suis comme saint Thomas, je ne crois que ce que je vois. » Thomas l'incrédule, celui qui n'a pas voulu croire à la résurrection du Christ avant d'avoir touché les plaies… Mort en Inde d'un coup de lance dans le dos.

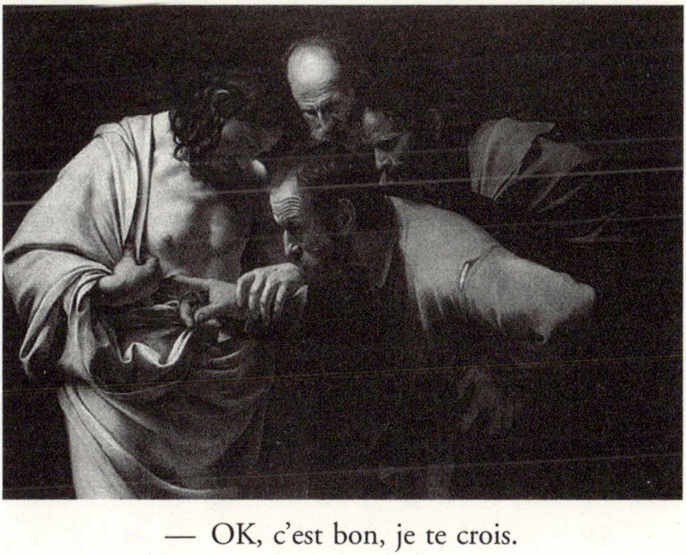

— OK, c'est bon, je te crois.

(*L'Incrédulité de saint Thomas* par Caravage, 1603.)

Matthieu, est l'auteur d'un des Évangiles (même si les historiens ne sont pas d'accord). Avant de rejoindre Jésus, il était percepteur des impôts, ce qui, à l'époque, était, paraît-il, un travail d'intellectuel. Il serait mort d'un coup d'épée.

Jacques le Mineur, frère ou cousin de Jésus (il y a embrouille et nous ne souhaitons pas nous mêler au débat). Premier évêque de Jérusalem. Lapidé.

Jude, lui aussi frère (ou cousin) de Jésus. Achevé à la massue.

Simon le Zélote, frère (ou cousin, donc) de Jésus. Sauvagement scié en deux. En même temps, peut-on raisonnablement scier quelqu'un en deux, mais pas sauvagement ?

Et, ladies and gentlemen, celui que vous attendez tous, l'enflure de service : **Judas** Iscariote, dit la raclure de bidet moisi.

Judas : Jésus crut s'y fier

Le traître ultime. Le mec qui a vendu le fils de Dieu pour trente balles. Pire que le footballeur Fabrice Fiorèse passant du PSG à l'OM. Judas est donc un des apôtres, c'est même le trésorier de Jésus. Selon l'Évangile de Matthieu, il va pourtant faciliter son arrestation en le désignant aux gardes envoyés par les grands prêtres de Jérusalem. Alors que Jésus se trouve dans un jardin, Judas l'identifie en l'embrassant. C'est le fameux **baiser de Judas**. En guise de récompense, il reçoit trente pièces d'argent. Toujours selon Matthieu, après la crucifixion, Judas, pris de remords, rend la thune et finit par se pendre. Jésus, qui a souvent un coup d'avance, savait pourtant que Judas allait le trahir, il lui avait même dit, juste avant, lors d'un dîner pas comme les autres : la **Cène**. Le dernier repas de Jésus avec ses douze apôtres. Celui au cours duquel il institua l'**Eucharistie**, ce moment bizarre où on mange une chips pas salée : « Prenez, mangez, ceci est mon corps. » (Matthieu 26:26.) Mais revenons-en au début de la fin.

Ça va faire mal

Nous y voilà… La dernière ligne droite. Les événements qui vont mener à la crucifixion et la crucifixion en elle-même. C'est **la passion du Christ**. Alors vous vous demandez pourquoi la passion ? Parce que *passio* en latin veut dire souffrance, raison pour laquelle le mot compassion veut dire souffrir avec, et on vous laisse deviner pourquoi l'on parle de passion amoureuse. Et, croyez-nous, il va souffrir. En mode interdit aux moins de seize ans.

Si vous êtes à jeun, on y va. Jésus est donc arrêté par une milice romaine à la solde des grands prêtres de Jérusalem. Il a quand même le temps de placer une réplique culte : « tous ceux qui prennent le glaive périront par le glaive » (Matthieu 26:52). Avant que ça saigne, il est peut-être utile de rappeler qu'à l'époque, la Judée est sous le contrôle des Romains. Alors vous vous demandez ce que les Romains peuvent bien en avoir à faire de Jésus. Eh bien pas grand-chose franchement. Les Romains sont passés maîtres dans l'art d'occuper des territoires en trouvant des relais parmi les notables influents. En l'occurrence en Judée, ce sont les grands prêtres juifs. Et avec le fourbi que leur a mis Jésus, ce sont eux qui en ont ras les papillotes. Ce sont eux qui veulent la peau du fils de Dieu.

La route est longue et la pente est raide

Jésus se retrouve donc devant le préfet romain **Ponce Pilate**, qui est bien embêté avec cette histoire. Il n'a pas très envie de trucider Jésus et il semble même qu'il le trouve plutôt sympathique. Jésus subit des premières humiliations et violences. En particulier il reçoit la fameuse couronne d'épines. Ponce Pilate propose à la foule de libérer un prisonnier. Au choix : Jésus ou un brigand nommé Barabbas – qui s'appelait aussi Jésus, mais figurez-vous que c'était un prénom aussi répandu à l'époque qu'aujourd'hui au Mexique. Et la foule choisit Barabbas, bien sûr. À la mode romaine, Jésus est donc condamné à être crucifié. Et, dans le respect de cette joyeuse tradition et sans doute dans un souci d'optimisation, il doit porter lui-même sa croix jusqu'au mont **Golgotha**, le mont du Calvaire. Le long du chemin, il est humilié et battu par la foule et les soldats romains. Il est aussi soutenu par quelques fidèles. Il chute trois fois avant d'être déshabillé et crucifié. Il prend un coup de lance sur la croix sinon ça aurait été trop facile. Il meurt après six heures d'agonie sanglante.

Jésus sur la croix est le symbole le plus puissant de l'histoire de l'humanité. Pour les croyants, c'est le symbole de l'amour de Dieu qui a envoyé son fils racheter nos péchés. Il n'a pas dû être déçu…

Retour en grâce

Trois jours plus tard, trois femmes disciples de Jésus se rendent au tombeau et le trouvent ouvert. Un ange leur annonce la résurrection du Christ qui apparemment avait une course à faire et n'est plus là. Même ses fidèles apôtres sont incrédules, mais après quelques apparitions bien senties, la résurrection de Jésus est admise de tous. Quarante jours plus tard, Jésus quitte la terre et s'élève vers Dieu le Père. La tradition situe cet événement au sommet du mont des Oliviers. C'est l'**Ascension**.

C'est bon à savoir (ou pas)

Trois en un

Voilà donc la fin des aventures de Jésus, fils de Dieu. Cela va vous paraître abstrait, mais cette notion de fils de Dieu est très importante. Jésus est le fils de Dieu et il est lui-même de nature divine. Voici les deux tiers de la **Trinité**. Il vous manque le Saint-Esprit pour avoir le tiercé gagnant dans l'ordre : **le Père, le Fils et le Saint-Esprit**. Un Dieu unique incarné en trois entités, trois personnes à la fois distinctes et de même essence : Dieu le Père, le créateur ; Jésus le fils, le verbe de Dieu ; et le Saint-Esprit, l'amour du père et du fils. On vous imagine en train de faire « Hein ? » en lisant, alors disons que Dieu est unique, mais que lorsqu'il agit sur notre univers, il le fait à travers l'une de ses trois incarnations.

L'enfer c'est...

L'enfer, le purgatoire ou le paradis ? Voilà enfin le sujet qui nous intéresse : comment aller au paradis ? Vous allez voir que là, dans le genre enfumage confus, les chrétiens font fort. Donc l'enfer, le purgatoire et le paradis existent, si on peut dire, mais ce sont des états et non des lieux. En substance, l'enfer c'est renoncer à Dieu, mourir sans se repentir. L'enfer, c'est... un choix. Cette explication douteuse permet de ne pas entrer en conflit avec le théorème de base : Dieu est amour. C'est sûr que Dieu est amour, mais il va te faire brûler éternellement en enfer, c'était un peu bancal. Le purgatoire, ça passe, puisqu'à la fin vient le Salut. Quant au paradis, c'est simplement vivre dans l'amour de Dieu. Non, on ne vit pas tout nu dans les nuages avec un petit ange majordome à son service. Retombez un peu sur terre.

Un dernier détail : l'Apocalypse

Convenons-en, l'**Apocalypse**, ça fout la trouille. Il faut dire que c'est un genre littéraire assez difficile à cerner. À l'origine, le terme signifie « révélation », mais au fil des siècles il est plutôt devenu synonyme de pluie de boules de feu sur la tête.

Pour commencer, l'Apocalypse est une prophétie, une vision apparue à l'auteur. On trouve plusieurs visions apocalyptiques dans l'Ancien Testament jusqu'au bouquet final de **l'Apocalypse de Jean**, le dernier livre du Nouveau Testament et donc de la Bible. C'est un ange qui transmet à Jean une révélation de Jésus-Christ, qui devait sûrement encore avoir autre chose de prévu ce jour-là. Donc, Jean voit une porte dans le ciel. Apparaît un codex, qui n'est pas un code postal mais un très vieux livre. Suivent une vision de Dieu et un agneau, symbole du Christ. Précisons que l'agneau a sept yeux et sept cornes, sans doute originaire de Fukushima. Le codex est fermé par sept sceaux que l'agneau va ouvrir… Non, on ne sait pas ce que prenait Jean. Débarquent les quatre cavaliers de l'Apocalypse, Pestilence, Guerre, Famine et Mort, qui ont quand même des noms pas faciles à porter. Cent quarante-quatre mille élus issus des douze tribus d'Israël et tous les chrétiens sont épargnés. Ensuite les anges jouent de la trompette et là ça part en cacahuète. Ça crame de tous les côtés, des météorites nous tombent sur la tête, sans oublier les sauterelles tueuses avec « un pouvoir semblable à celui des scorpions » (Apocalypse 9:3). Faut quand même être un ouf pour lâcher des sauterelles-scorpions. C'est la zone.

Notre moment préféré ? C'est quand la mer se change en absinthe. Tiens, c'est peut-être ça qu'il prenait, Jean : de l'absinthe. Un ange fait alors manger un petit livre à Jean. Pourquoi ? Franchement, aucune idée, mais la situation dégénère encore alors qu'on pensait avoir touché le fond. Débarque le Dragon, qui est en fait le Serpent (vous vous souvenez ?), le diable, quoi. Puis apparaissent deux bêtes.

Une espèce de monstre pire qu'Alien, et encore plus dangereux : un faux prophète, **l'antéchrist**. « Son chiffre, c'est 666 » (Apocalypse 13:18), nous précise Jean comme si c'était le moment de jouer au compte est bon. Bon, c'est reparti pour des anges aux fléaux en tous genres avec par exemple des grêlons d'un talent, ce qui fait presque trente kilos. Vous avez intérêt à avoir mis la voiture au garage. C'est la chute de **Babylone**. Jean parlait vraisemblablement de l'Empire romain. Aujourd'hui on compare Babylone à notre société de consommation, mais ça fait gauchiste. Finalement Jésus/l'agneau gagne contre la Bête et le faux prophète. Satan est enchaîné pour mille ans et **Jésus règne sur Terre** pendant ce temps-là. Ouf, on est sauvés ? Pas encore. Satan revient donc au bout de mille ans mais se fait exploser par une méga boule de feu divine. C'est l'heure du **Jugement dernier** (c'est classe de dire ça). Tous les morts sont passés en revue. « Celui qui ne se trouva pas inscrit dans le livre de vie, on le jeta dans l'étang de feu. » (Apocalypse 20:15.) On ne rigole plus. Enfin, apparaissent un nouveau ciel et une nouvelle terre. Voilà, quand Dieu décide de faire le ménage, il ne fait pas semblant. Allez savoir pourquoi, les interprétations de l'Apocalypse de Jean sont très, très diverses.

D'ailleurs, rassurez-vous, l'immense majorité des chrétiens considèrent que l'Apocalypse est symbolique. Du moment qu'on n'a pas affaire aux sauterelles-scorpions, ça nous convient.

Les mots-clés qui foutent la honte

#PÉDOPHILIE
#CAPOTE
#GAY

Côté pratique

Les trois grandes variantes du christianisme

Le catholicisme est la version la plus répandue du christianisme, celle que nous connaissons en France. La quasi-totalité appartient à l'Église catholique de Rome. Le patron, c'est le pape, qui est l'héritier des apôtres. L'Église catholique reconnaît l'infaillibilité pontificale. C'est-à-dire que côté morale et foi, tout ce qu'il dit est parole d'Évangile. Cette reconnaissance de l'autorité du pape est la raison principale de la brouille avec les autres branches du christianisme. Le catholicisme est très répandu en Europe, en Amérique du Sud et en Afrique.

L'orthodoxie se revendique comme la version la plus brut de pomme du christianisme. C'est surtout une division entre l'Église de Rome et celle d'Orient. Les orthodoxes sont fâchés avec le pape depuis 1054. Pour eux, le chef de l'Église en général, c'est Jésus, point. Chaque église en particulier a ensuite son patriarche. L'Église orthodoxe est un peu organisée comme une chaîne de magasins franchisés sous une marque unique, mais autonomes sur leurs territoires.

Ils font des très belles messes, ont des habits trop classes et des grosses barbes. L'orthodoxie prend ses racines en Grèce et couvre aujourd'hui principalement les Balkans et l'Europe de l'Est avec en particulier la Russie.

Le protestantisme regroupe une myriade de mouvements comme les luthériens, les évangélistes ou bien encore les quakers. Cette diversité est due à sa doctrine la plus importante : seule la Bible compte et chacun est libre de l'interpréter. Eh oui, encore des catholiques fâchés avec le pape. Ici depuis le XVIe siècle. Surtout grâce au moine allemand Marthin Luther. Particulièrement à cause de la vilaine habitude de l'Église de Rome de monnayer des « indulgences » : par exemple, elle vendait aux riches le droit de manger du beurre pendant le carême. Une des tours de la cathédrale de Rouen s'appelle la tour du Beurre parce qu'elle a été financée de la sorte. Tout cela va aboutir à une guerre de religion, des exodes, des massacres et une séparation avec l'Église catholique. Aujourd'hui le protestantisme est répandu en Europe du Nord, en Afrique, aux États-Unis et… en Corée du Sud. Notons que les Anglais font comme d'habitude bande à part et prétendent avoir leur propre forme de christianisme : **l'anglicanisme**. Mais ce n'est ni plus ni moins que du protestantisme, même s'ils refusent de l'admettre.

Et qu'est-ce qu'on mange ?

Franchement, le christianisme est vraiment cool en ce qui concerne les interdits alimentaires. Il ne reste plus que le **poisson du vendredi** midi pour commémorer le vendredi saint, et encore. Oui on mange du poisson en l'honneur de la crucifixion. Essayez simplement de ne pas vous goinfrer, la gourmandise est un péché.

Règlement intérieur

Là aussi, si vous êtes très pris, aucun problème. Le seul truc vraiment obligatoire, c'est **le baptême**. Pour le reste, vous pouvez tout faire depuis chez vous. La prière, c'est perso, entre vous et qui vous savez. Certes, votre prêtre trouverait chic que vous veniez à l'église de temps en temps : ce serait pour vous l'occasion de communier, c'est-à-dire d'accomplir le rite de l'eucharistie, vous vous souvenez : ceci est mon corps… Il aimerait bien que vous soyez mariés, que vos enfants aillent au catéchisme, que vous vous confessiez parfois… Mais si vous menez une vie juste, la loi de Jésus est de votre côté et il n'a rien à dire.

Le mot de la fin

Paradoxe. La religion chrétienne est définitivement celle du paradoxe. Renforçant l'ancienne loi hébraïque tout en la reniant. Prônant une vie juste de quasi-ascète tout en offrant le pardon et le salut à tous. D'une richesse et d'une puissance inouïes alors qu'elle est basée sur l'enseignement d'un Christ complètement démuni. Souvent rétrograde alors que son Messie était un rebelle… Et si on vous disait qu'un paradoxe, à l'origine, est une opinion contraire à l'opinion commune ?

L'islam : la nouvelle star

> « Le mahométisme était sans doute plus sensé que le christianisme. On y adorait point un juif en y abhorrant les juifs ; on y appelait point une juive mère de Dieu ; on n'y tombait point dans le blasphème extravagant de dire que trois dieux font un dieu ; enfin, on n'y mangeait pas ce dieu qu'on adorait, et on n'allait pas rendre à la selle son créateur. »
>
> VOLTAIRE

Il était une foi

Toute dernière foi

L'islam est la petite dernière des grandes religions. Née en Arabie au VIIe siècle après Îsâ (le nom de Jésus dans le Coran). Dernière arrivée mais deuxième religion de l'humanité aujourd'hui avec 1,6 milliard de fidèles. En termes d'analyse de marché, la croissance de l'islam est remarquable. On estime qu'il y aura autant de musulmans que de chrétiens d'ici 2050. Et si on le compare au seul catholicisme, et non au christianisme en général, alors l'islam est déjà la première religion du monde.

L'Arabe de quel coin ?

Ce titre n'est pas seulement un jeu de mots insultant, c'est aussi un piège. Saurez-vous classer les dix pays suivants par ordre décroissant du nombre de musulmans qui y vivent ?

Indonésie
Inde
Pakistan
Bangladesh
Nigéria
Égypte
Iran
Turquie
Algérie
Maroc

Résultats : on vous a bien eus, ils étaient déjà dans l'ordre.

Indonésie	209.120.000
Inde	176.200.000
Pakistan	167.410.000

Bangladesh	134.430.000
Nigéria	77.300.000
Égypte	76.990.000
Iran	73.570.000
Turquie	71.330.000
Algérie	34.730.000
Maroc	37.930.000

Eh oui, seuls 20 % des musulmans vivent dans des pays arabes. En additionnant les cinq premiers pays musulmans, dont aucun n'est un pays arabe, on dénombre presque la moitié des musulmans du monde. Alors vous allez nous dire : « Oui mais alors, hein, heu, c'est quoi un pays arabe d'abord ? » On pourrait se lancer dans des explications historiques et géographiques fort compliquées pour vous [1], mais gagnons du temps et considérons que les pays arabes sont ceux dont l'arabe est la langue officielle. Ce qui n'est pas le cas de l'Indonésie, de l'Inde, du Pakistan, du Bangladesh et du Nigéria.

Abraham, pic et pic et colégram

L'islam est une religion abrahamique. En gros ça veut dire qu'elle reconnaît la révélation faite à **Abraham** d'un **Dieu Unique**, **Allah**. Oui, vous avez bien lu : les musulmans croient au « même Dieu » que les juifs et les chrétiens. Allah, Dieu, Yahvé, Jéhova, Elohim… C'est le même bonhomme. Pour désigner les trois religions on utilise souvent les expressions

1. On plaisante.

« trois religions monothéistes », « trois religions du livre » et « trois religions abrahamiques ». On parle aussi des « religions révélées » puisque Dieu se révèle aux hommes par l'intermédiaire des prophètes. Si on prenait un peu de recul, on pourrait même considérer qu'il s'agit de trois variantes de la même religion. Ce qui voudrait dire que plus de la moitié des humains partagent la même foi. On pourrait aussi voir chez Moïse, Jésus et Mahomet de grandes ressemblances. Mais bon, c'est déjà assez le *dawa* comme ça. Abraham est donc considéré par les trois religions comme un modèle de piété, témoignant une foi sans faille à Dieu. Faut dire que le pauvre Abraham en a vu de belles. On vous en dira plus dans le chapitre consacré au judaïsme (p. 137). Mais qu'est-ce qu'il lui a mis, Dieu. Il lui a entre autres demandé de sacrifier son fils unique pour montrer qu'il avait bien compris qui était le patron. Pour les musulmans, ce fils est Ismaël alors que pour les juifs, c'est Isaac. En gros, les musulmans et les juifs se disputent l'héritage de leur giga-aïeul Abraham.

C'est quoi le concept ?

Un seul Dieu, un seul maître

La **Chahada**, la profession de foi musulmane, a le double mérite d'être courte et claire : « J'atteste qu'il

À gauche, la version hallal avec Ismaël,
à droite, la version casher avec Isaac.

(Image de gauche : *Histoires du Coran* ou *Histoire des prophètes et des rois du passé,* vers 1595, manuscrit oriental.)

(Image de droite : *Le Sacrifice d'Isaac*, par Domenichino, 1627-1628.)

n'y a pas de divinité en dehors de Dieu et que Mahomet est l'envoyé de Dieu. » Ce serment n'est pas exactement issu du Coran, c'est plutôt une super-synthèse. Pour info, il vous suffit de prononcer cette phrase à haute voix avec sincérité pour devenir automatiquement musulman. Pratique, non ? C'est le premier et donc le plus important des **cinq piliers de l'islam** (voir page 89).

On se tient au Coran

« C'est le Livre au sujet duquel il n'y a aucun doute, c'est un guide pour les pieux. » (**Coran** 2:2.) Inutile d'essayer de vous demander si telle ou telle partie du Coran est un peu datée ou n'est peut-être pas tout à fait authentique. C'est interdit. Voilà, ça évite les emmerdes et les discussions à n'en plus finir. Tout simplement parce que l'auteur du Coran est au-dessus de tout soupçon. Mahomet ? Non, non, encore au-dessus : le Coran c'est la parole de Dieu, texto. **Un verbatim d'Allah**. C'est la grande différence avec les autres livres saints, attribués en général aux copains du prophète.

Traduction ?

En français il existe plus de cent soixante-dix traductions différentes, toutes jugées insatisfaisantes par les orthodoxes. Nous utilisons ici la version la plus courante chez les francophones : celle de Mohamed Hamidullah validée par « le complexe du Roi Fahd », c'est-à-dire l'organisation officielle d'impression du Coran du régime saoudien. Vous avez tous vu ces petits Corans verts. Sachez que s'ils sont si répandus, c'est que l'Arabie saoudite les donne aux mosquées comme aux particuliers. Il vous suffit de vous rendre à l'ambassade pour obtenir un exemplaire.

Allô, Allah ?

L'archange Gabriel, qui est décidément dans tous les bons coups, se pointe dans la grotte dans laquelle Mahomet aime bien passer du temps tranquille, à la fraîche, déconnecté du clan. Et là, il lui révèle directement les mots d'Allah. Nous sommes en 610 et **Mahomet** a alors quarante ans. La discussion avec le porte-parole divin va durer vingt-trois ans en tout. C'est d'abord une récitation avant de devenir un livre. Ce point est crucial. Mahomet n'a jamais écrit une ligne, le Coran ne se transmettait alors qu'oralement. C'est pour cela que l'apprentissage « par cœur » du texte a encore autant d'importance pour les musulmans. Le texte a commencé à être recueilli par le premier calife, successeur de Mahomet, un an après la mort de ce dernier. Il a ensuite été épuré et unifié par le troisième calife, avec un texte définitif arrêté en 647. C'est ce texte qui est aujourd'hui encore exactement celui du Coran. Pendant les quinze ans qui ont séparé la mort de Mahomet de la rédaction du livre sacré des musulmans, les successeurs du prophète ont cherché à retranscrire et classer exactement la parole transmise par Mahomet, pour éviter les divisions.

La fête des prophètes

Tous les prophètes monothéistes sont les bienvenus. Tous. On dit que l'islam en reconnaît environ 120 000 (!). Il y a toutefois, dans le Coran, cinq prophètes qui tirent leur épingle du jeu : **Noé (Nouh ou Nuh), Abraham (Ibrâhîm), Moïse (Moussa ou Mûsâ), Jésus de Nazareth (Îsâ) et Mahomet (Muhammad).**

Si Jésus occupe une place très importante, il n'est cependant pas considéré comme le fils de Dieu, il n'a pas été crucifié puisque le big boss l'a remplacé par Judas au dernier moment. Bien fait ! Et Jésus ne fait pas partie d'un quelconque trio. Pour l'islam, **l'unicité de Dieu est le principe suprême**.

Adam – le mec de l'affaire de la pomme – est considéré comme le premier prophète et Mahomet comme le dernier. D'où son importance si particulière et son surnom de « **sceau des prophètes** ».

— Allumeeeeeeeerrrrrr le feu !!!

(Manuscrit persan, Bibliothèque nationale, Paris.)

L'incroyable histoire de…

Comme vous le savez peut-être, il y a en ce moment quelques regrettables incidents avec certains musulmans qualifiés d'extrémistes. Afin de prendre un peu de hauteur, soucieux de ne froisser personne et espérant surtout nous éviter des embrouilles et autres tentatives d'assassinat, dans ce chapitre nous ne vous proposerons pas de biographie de Mahomet. Non, mais nous allons vous proposer un récit tout aussi palpitant : l'incroyable histoire d'un certain... José. Une histoire qui n'a aucun, mais alors absolument aucun rapport avec le schmilblick.

Avertissement : le récit qui va suivre est une œuvre d'excellente fiction, certes, mais de fiction quand même. Et alors qu'on a tout inventé, on a encore modifié les noms de tout le monde et même ceux des villes. On n'est jamais trop prudent. Ainsi, toute ressemblance avec des personnages existant, ayant, n'ayant pas, ayant partiellement ou ayant failli exister ou bien avec des événements ayant peut-être eu lieu ou même avec des événements qui n'ont pas encore eu lieu ne serait que coïncidence purement fortuite. Comme d'ailleurs toutes les coïncidences qui, si elles n'étaient pas fortuites, ne seraient pas des coïncidences. Eh ouais.

Des débuts difficiles

José est né dans une ville que nous appellerons La Moucque, vers 570. On ne sait pas grand-chose de lui avant sa reconversion professionnelle réussie en prophète à l'âge de quarante ans. Pas grand-chose si ce n'est que José a un peu la scoumoune quand même. Son père claque avant sa naissance et sa mère quand il a six ans. Son grand-père le recueille et passe l'arme à droite – ils font tout à l'envers – deux ans plus tard. C'est donc son oncle qui l'élève. Et en plus, José est pauvre et illettré. Pourtant, dès qu'ils voient passer le petit Jojo – qui était peut-être son surnom, on extrapole un peu –, les Moucquois se disent qu'il a de l'allure.

Petits boulots et grand amour

Jeune adulte, José embrasse une carrière de berger avant de suivre une formation de caravanier. Non, José n'est pas un Gipsy King, c'est un marchand qui mène des expéditions commerciales. C'est de cette manière qu'il entre au service d'une riche veuve cougar à la tête d'une grosse affaire d'import-export. Cette femme, nous l'appellerons la Première Dame. Et à vingt-cinq ans, José épouse la Première Dame, qui en a quarante. Ils ont trois fils qui meurent tous en bas âge et quatre filles. Au fil des ans, José se fait une belle situation et il voyage beaucoup pour le taf.

Un ange passe

En 610, un archange – que nous appellerons l'archange G. – rend visite à José. Ce dernier a l'habitude de prendre un peu de temps pour lui, tranquille au frais, dans une petite grotte bien située. L'archange G. a tapé à la bonne porte. C'est une expression, il n'y a quasiment jamais de porte sur une grotte et sur celle de José en tout cas, il n'y en avait pas. L'archange G. a un message de... euh... disons... Goldorak. Goldorak qui est en réalité le créateur unique de notre monde. José se demande s'il n'a pas mangé trop de ces délicieuses pâtisseries orientales. Mais la Première Dame soutient José. Elle a toujours su qu'il irait loin. Et cette histoire de révélation de Goldorak unique, ça peut faire des petits. Ah, la fameuse intuition féminine.

Un seul à la foi

Mais le côté monothéiste sans compromis de José commence à en agacer plus d'un à La Moucque. La mafia polythéiste du coin redoute que José ne perturbe leur business. Et en dehors de son fan-club, tout le monde commence à le lâcher. Voici par exemple l'extrait d'une conversation saisie autour d'une petite oasis de La Moucque : « Oui, oh José, c'est une vague connaissance. Sympa le mec, mais faudrait qu'il mette un peu d'eau dans son thé. Qu'on n'ait pas soixante dieux, OK, je veux bien, faut dépoussiérer tout ça, on est quand même au VIIe siècle. Mais qu'il nous laisse deux ou trois dieux quand même, bordel. Qu'on puisse faire nos petites offrandes et tout. Ben, avec lui figure-toi, c'est niet. C'est un Dieu et basta. On peut pas discuter avec José. »

Onze mariages et un enterrement

En 619, la Première Dame meurt après vingt-trois ans de mariage. José – que ses potes polygames n'arrêtaient pas de charrier avec cette idée farfelue d'avoir une femme unique, « genre tout doit être unique pour José » – décide de profiter un peu. Sans doute emporté par son envie de calmer tout le monde, José se mariera plus d'une dizaine de fois au cours du reste de sa vie. On ne sait pas exactement combien de fois. Toujours dans la même logique, nous appellerons son épouse favorite… la petite Candy. Bon, il y a quand même un truc qu'il faut qu'on vous dise à propos de José : Candy avait sept ans lors du mariage… Autres temps, autres mœurs. La, la, la.

Ça déménage

En 622, José est contraint de quitter La Moucque avec ses compagnons et leurs familles. Les vrais potos de José, ceux qui le suivent depuis le début mais qui n'arrêtent pas de se faire embrouiller par les bandes de polythéistes idolâtres. Il a bien les boulettes. Il se réfugie à… La Grande-Motte, une ville contrôlée par des tribus juives.

José, qui est toujours plein d'entrain, voire un peu naïf sur les bords, pense que les juifs vont le reconnaître comme leur nouveau prophète et que ça va rouler. Zerma, comme il discute avec Dieu, il a pris la confiance.

Il fait construire le premier temple de sa religion. Les tribus juives commencent à trouver ça un peu gros. Faudrait par leur faire prendre des vessies pour des loukoums.

Guerre…

Pourtant, face à la menace de l'invasion par les polythéistes venus de La Moucque, José devient le chef militaire de La Grande-Motte et les juifs se rallient à lui.

José met une bonne rouste à l'armée venue de La Moucque. Pourtant moins nombreuses, ses troupes l'emportent grâce au soutien d'une unité d'élite de 3 000 anges, sorte de GIGN divin. Grâce à cette victoire, beaucoup se convertissent à la religion de José.

Au passage, José décide qu'ils seront sans doute mieux à La Grande-Motte sans les juifs. Bannissement, ventes de femmes et d'enfants en tant qu'esclaves et décapitations… Comme souvent quand il prend une décision, José ne fait pas les choses à moitié.

… *Et paix*

José va alors conquérir de nombreuses villes juives. Mais au lieu de tuer tout le monde, il décide intelligemment de racketter les habitants avec un impôt et de devenir très riche. Mais José n'a qu'une seule idée en tête : reconquérir La Moucque.

Après les assauts répétés de José, les habitants de La Moucque se rendent et les fidèles de José récupèrent leur lieu saint. José est débarrassé de ses adversaires, les polythéistes, les rabbins et globalement tous les gens qui ne sont pas d'accord avec lui. Son influence grandit et il forge vraiment sa religion en codifiant sa pratique. Il retourne à La Grande-Motte et meurt à soixante-trois ans, peut-être empoisonné ou bien juste d'une grosse fièvre. Mais empoisonné, c'est plus classe. Surtout pour un type comme José.

Nous espérons vous avoir divertis avec la formidable histoire de José, mais il est maintenant temps de revenir au sujet qui n'a rien à voir mais qui nous intéresse dans ce chapitre : l'islam.

C'est bon à savoir

Nouveau départ

L'hégire, c'est l'immigration de Mahomet vers la ville qui s'appelle aujourd'hui Médine – et qui n'a rien à voir avec La Grande-Motte – en 622. C'est le tournant du match qui oppose la communauté musulmane aux clans polythéistes. En quittant La Mecque avec ses fidèles, Mahomet dit bye-bye aux anciennes lois sociales archaïques. Véritable Che Guevara – enfin, chronologiquement, c'est plutôt Che Guevara qui était un véritable Mahomet –, il institue l'égalité entre tous les musulmans. C'est la révolution et c'est le début de la lutte finale. Point de départ de l'islam dont le calendrier commence à cette date. Un calendrier complètement lunaire. Mais vraiment lunaire, basé sur les phases de la Lune. L'année hégirienne ne compte que 354 ou 355 jours soit onze jours de moins que le calendrier solaire. Pour les musulmans, entre le 3 octobre 2016 et jusqu'au 21 septembre 2017, c'est l'année 1438.

Y a quelqu'un qui m'hadit...

En dehors du Coran, les musulmans se réfèrent aux leçons issues de la vie de Mahomet : les **hadiths**. Compilés par les descendants et les proches de Mahomet, ils sont très nombreux. Pour les musulmans, ils sont autant de règles qui permettent de suivre la voie du Prophète : la **sunna**. La **charia**, la loi islamique, est basée sur le Coran, la sunna est une infinité de décisions confiées à des savants de l'islam, comme les **muftis**. Ceux-ci statuent sur toutes sortes de questions modernes de société en essayant de trouver des réponses dans l'esprit du Coran et de la sunna. Sachant que pas mal de problèmes nouveaux ont surgi depuis le VIIe siècle. La charia est appliquée de manière très différente selon les pays musulmans. Si l'Arabie Saoudite est, par exemple, la plus rigoriste, la charia n'a pas cours en Turquie et le Maroc, pays très religieux, ne la mentionne pas dans sa constitution. Dans le monde musulman, la charia est à géométrie variable.

Mais c'est qui le patron ?

Les musulmans n'ont pas d'équivalent au pape. **L'imam** est celui qui dirige la prière collective. Ensuite les fidèles appartiennent à différents courants qui ont tous leurs spécificités et leur organisation. Mais qui décide alors ? Les musulmans décident par consensus et par analogie. Les savants de l'islam peuvent s'appeler imam, mufti, ouléma, mollah ou encore ayatollah suivant leurs fonctions, leurs rangs et la tradition dont ils font partie. Tout ce beau monde compare une situation nouvelle avec une situation équivalente du Coran ou des hadiths et essaie ensuite de tomber d'accord.

On fait quoi après la vie ?

On meurt et on attend le Jugement dernier. Là, c'est simple, Allah se charge lui-même de faire le tri. Les musulmans qui ont mené une vie juste sont sauvés. Logique. Mais ils ne sont pas les seuls. Les juifs et les chrétiens qui ont assuré peuvent aussi traverser le pont qui mène au paradis. Tiens, tiens. Pour tous les autres, les infidèles, c'est un aller simple pour l'enfer éternel. L'enfer et le paradis sont fondamentaux dans le dogme de l'islam. « Voici la description du Paradis qui a été promis aux pieux : il y aura là des ruisseaux d'une eau jamais malodorante, et des ruisseaux d'un lait au goût inaltérable, et des ruisseaux d'un vin délicieux à boire, ainsi que des ruisseaux d'un miel purifié. » (Coran 47:15.) Ça fait beaucoup de ruisseaux, pensez à prendre une serviette de bain.

Et l'histoire des 72 vierges au paradis, c'est du sérieux ?

On a envie de répondre oui. Après, est-ce que le fait de vous demander si on vous offrira 72 vierges pour vous récompenser de vous être bien tenu vous permettra de finir au paradis ? On a un avis, mais c'est votre problème.

Mahomet : c'est… Lui ?
Archange Gabriel : Qui ça lui ?
Mahomet : Oui, enfin, le… le… Enfin, Lui… Le taulier…
Archange Gabriel : Lui ? Mais ça va pas, t'es con…
C'est un Coq de trois mètres… Rien à voir…
Mahomet : Ah, purée, j'ai eu la trouille… en plus j'avais trop envie de me marrer.
Coq : Qu'est-ce qui te fait marrer ? Tu te fous de ma gueule ? T'as vu la tête de ton cheval ?
Mahomet : Oh, punaise, un coq géant qui parle…
Archange Gabriel : Et je te raconte pas, quand il pond un œuf, c'est Sodome et Gomorrhe…
Mahomet : Mais les coqs ne pondent pas d'œufs…
Archange Gabriel : Bordel mais c'était quoi alors…
Coq : Ah ah ah…

(Manuscrit produit à Hérat, XVe siècle, BnF, *Manuscrits orientaux*, supplément turc 190.)

Djinns toniques

Nous ne sommes pas seuls. Ils sont parmi nous. Ils, ce sont **les djinns**, que l'on pourrait traduire par « génies ». Selon le Coran, les djinns sont des créatures surnaturelles qui vivent sur terre, généralement invisibles et disposant de toutes sortes de pouvoirs magiques. Transmutation, possession, etc. Ils vivent autour de poubelles car ils se nourrissent de restes, près des points d'eau, dans les déserts ou encore les terrains vagues. Dans tous les endroits qui font bien flipper sa race, en fait. Ce ne sont ni des fantômes ni des démons. **Ils sont candidats au salut comme les hommes.**

Dans l'école d'Allah, il y a :

– Les anges, les chouchous qui sont toujours les premiers de la classe, créés à partir de la lumière.

– Les djinns, les surdoués arrogants qui n'en foutent pas une, créés à partir d'un feu pur sans fumée.

– Les hommes, les cancres attachants, créés à partir d'argile.

L'un d'entre eux sort du lot : Le djinn Iblis. Comparable à la figure du diable pour les chrétiens, Iblis est plus ambivalent. Il a refusé d'obéir à Allah et de s'agenouiller devant Adam. C'est ce qui a causé sa chute. Sur terre, Iblis poursuit deux buts qui peuvent sembler contradictoires : ramener les djinns dans le chemin d'Allah et tenter les hommes afin de montrer leur infériorité.

Last night a djihad saved my life

Si on nous donnait un dirham chaque fois que le mot **djihad** était prononcé, on pourrait sérieusement songer à s'acheter un porte-avions ou une mine de platine. Déjà, le mot djihad en lui-même est difficile à traduire. Il s'agit plus d'**un effort vers Dieu** que de l'idée de guerre sainte. Le djihad désigne le plus souvent un effort spirituel sur soi-même. Toutefois, le djihad armé est bien mentionné dans le Coran. En particulier dans les sourates post-hégire, quand Mahomet était devenu un chef militaire. Au fil des siècles, la notion de djihad a pris de plus en plus d'importance et a été utilisée dans de nombreux conflits, le plus souvent entre musulmans.

Dessiner le prophète : un hobby à éviter ?

À la suite des événements de *Charlie*, il y a eu en France à peu près quatre millions d'articles, parfois rédigés par des stagiaires, sur le « droit ou non » de dessiner le prophète. Du point de vue légal, vous avez bien sûr le droit de dessiner le prophète. Le délit de blasphème n'existe pas. Mais attention, des délits comme l'incitation à la haine raciale ou bien encore l'apologie de meurtre existent bel et bien. Les juges français rendent leurs verdicts au cas par cas, en fonction du contexte et de l'intention des auteurs. Et ces questions de liberté d'expression, bien au-delà de la seule représentation de Mahomet, produisent une vaste jurisprudence et entraînent de nombreux débats.

Côté islam, il n'y a pas d'interdiction de représenter le prophète exprimée dans le Coran. En revanche, l'idolâtrie y est sévèrement condamnée. Mahomet, quand il reprend la Kaaba, détruit symboliquement toutes les idoles qu'elle contenait. Car l'idolâtrie était le passe-temps favori des pratiquants des anciennes religions polythéistes d'Arabie, ses ennemis jurés. Aujourd'hui, c'est en estimant que représenter Mahomet est une forme d'idolâtrie que l'islam sunnite condamne largement le fait de le dessiner. Pourtant, dans d'autres pays, comme l'Iran chiite, vous trouverez des portraits du prophète.

Cette hostilité envers la représentation du prophète est récente. Enfin, plus précisément son retour en force est récent. Vous avez pu voir dans ce chapitre des images de Mahomet issues de différents parchemins. Pourtant, dès le XVIe siècle, le visage de Mahomet disparaît. On le représente alors par une flamme sacrée, on efface ses traits sur les anciennes illustrations ou, plus surprenant, on le dessine avec un voile et on en ajoute un aux œuvres précédentes, comme ci-contre.

En résumé, le débat moderne autour de l'interdiction de représenter Mahomet est sans doute le fruit de trois idées :

- La condamnation du blasphème envers le prophète.
- Le rejet de l'idolâtrie, clairement exprimé dans le Coran et sa transformation en rejet des représentations dans le monde musulman.

— Qui a éteint la lumière ?

(Miniature extraite de la chronique Zubdet el-tevarikh, XVIe siècle, manuscrit ottoman.)

– Une habitude artistique, apparue après le Moyen Âge, de ne plus montrer le visage du prophète.

Si le sujet vous intéresse, nous vous recommandons l'article de Vanessa Van Renterghem, « La représentation figurée du prophète Muhammad », dans *Les Carnets de l'Ifpo.* l'Institut français du Proche-Orient (http://ifpo.hypotheses.org/4445). Elle est historienne et elle écrit bien.

Les mots-clés qui donnent envie de rester athée :

#DAESH
#AL-QAÏDA
#AQMI
#BOKOHARAM

Côté pratique

Bataille de succession, succession de batailles

Tout s'est joué à la mort de Mahomet. Le prophète décède subitement à l'âge de soixante-trois ans, sans avoir eu le temps de gérer vraiment sa succession. Ali – son cousin, son gendre et premier homme converti à l'islam après Khadija, première épouse de Mahomet – semble être l'héritier naturel du prophète, mais la majorité des musulmans désigne **Abû Bakr comme premier calife** (successeur). Ali finira par être nommé quatrième calife, mais sera assassiné par des dissidents. Cette guerre de succession va connaître une apogée dramatique et sanglante le 10 octobre 680 lors de la bataille de Kerbala. Le petit-fils du prophète et fils d'Ali, Hussein, y est massacré avec ses soixante-douze hommes par l'armée du sixième calife. Les sunnites reconnaissent la tradition des califes alors que pour les chiites, Ali est le premier imam de l'islam.

Visions et divisions

L'islam est donc constitué de deux grandes branches aux mille ramifications.

Le sunnisme est le courant le plus répandu. Il représente environ 85 % des musulmans. Même si au sein du sunnisme un grand nombre de divisions – et donc de différences – existent, on peut toutefois dire qu'il s'agit d'une vision orthodoxe de l'islam.

Le chiisme regroupe entre 10 et 15 % des musulmans. Pour les chiites, il existe une autorité dans l'islam : celle de l'imam. Ce n'est donc pas un prêtre ou un pasteur comme chez les sunnites mais plutôt l'équivalent du pape. L'imam est de la lignée de Mahomet. C'est un guide spirituel et non un prophète. Et de nos jours, c'est le douzième imam qui est aux manettes. Celui-ci a disparu au IXe siècle à l'âge de cinq ans. Pour les chiites, il est en occultation. Invisible aux yeux du monde, il attend le moment de rétablir la justice sur terre.

Tous les pays musulmans sont sunnites à l'exception de l'Iran, de l'Irak, du Liban et du royaume du Bahreïn, à majorité chiite. Ces communautés se déchirent depuis plus de mille trois cents ans. Le sultanat d'Oman fait figure d'exception puisque sa religion est un courant spécifique de l'islam, l'ibadisme.

Mais alors le wahhabisme et le salafisme, c'est quoi ?

Le **wahhabisme** est la religion officielle de l'Arabie Saoudite et du Qatar. C'est un courant très rigoriste du sunnisme.

Le **salafisme** se rattache lui aussi au sunnisme. C'est un mouvement politico-religieux hétéroclite international qui rejette le progrès et veut revenir à l'islam des origines. Les salafistes souhaitent l'établissement d'un califat où règne la charia comme au VIIe siècle. On distingue trois types de salafistes. Les quiétistes, réputés pacifistes mais qui ne veulent de contact avec personne d'autre qu'eux-mêmes, ceux qui prônent une doctrine politique visant à s'emparer du pouvoir – les fameux frères musulmans, par exemple – et, *last but not least*, les djihadistes – même si comme nous l'avons dit, ce terme peut être considéré comme abusif – qui veulent nous mettre dans le califat ou, à défaut, nous buter.

Cinq piliers à la une

Les cinq piliers de l'islam sont la **Chahada** – la profession de foi musulmane –, le **salat** – les prières –, la **zakat** – l'impôt donné aux pauvres –, le **saoum** – le jeûne du mois du ramadan – et le **hajj** – le pèlerinage à La Mecque.

– Chahada, ba, da, Chahada, ba, da.

Comme on vous l'a déjà dit, la Chahada est le premier pilier de l'islam. C'est pour le néo-musulman la première étape de la foi. Primo, se soumettre à un Dieu unique, Allah, tout-puissant et omniscient. Deuxio, reconnaître Mahomet comme le dernier prophète monothéiste et admettre son infaillibilité.

– Fais ta prière.

Sans doute la partie la plus contraignante de l'islam. Les musulmans doivent prier cinq fois par jour à des heures bien précises. En gros – mais attention ça change tout le temps selon des calculs ultracomplexes et soumis à de nombreux débats – vers 4 heures du mat', 14 heures, 18 h 30, 22 heures et minuit. C'est encore plus embêtant que d'avoir un chien à sortir. La prière se compose d'une récitation de quelques sourates imposées et d'autres choisies, d'une inclinaison et de deux prosternations. Elle peut se pratiquer n'importe où à condition que le lieu soit propre. Mais pour les hommes, la prière collective est un *must*. Avant de prier, le croyant doit se purifier. Il accomplit pour cela le rite des petites ablutions. Un cérémonial très codifié qui consiste à laver certaines parties du corps dans un ordre précis. Mais il s'agit surtout de se purifier l'esprit. Les grandes ablutions sont nécessaires dans certains cas, par exemple après une partie de jambes en l'air. Enfin la prière doit s'effectuer en direction de La Mecque et plus précisément de **la Kaaba**. La Kaaba – littéralement : le cube – est le monument sacré ultime des musulmans. Un gros cube noir situé au centre de la grande mosquée de La Mecque. La Kaaba a été érigée par Abraham avec son fils Ismaël et donc reconquise par

Mahomet. Elle est entièrement vide afin de symboliser l'unicité d'Allah et le rejet des idoles.

– Donner, donner, donner… Dieu vous le rendra (ou pas).

Chaque année, au lieu de filer des étrennes à la concierge comme tout le monde, les musulmans doivent estimer exactement le montant de l'aumône qu'ils vont verser aux pauvres selon un calcul très précis. C'est le zakat, le troisième pilier de l'islam.

– Place au jeûne.

Vous savez quand même tous à peu près ce qu'est le **ramadan**. Vous avez sans doute déjà vu des reportages très intéressants au JT du genre « le ramadan à l'école » ou « le ramadan en équipe de France » ou encore « le business du ramadan ». Le saoum, c'est l'interdiction de manger, de boire, de fumer et d'avoir des relations sexuelles entre le lever et le coucher du soleil lors du neuvième mois du calendrier hégirien, le mois du ramadan. La fin du ramadan est marquée par la fête de l'Aïd el-Fitr. C'est comme un Noël, sans sapin.

– La force de l'hajj.

Le pèlerinage à La Mecque est le cinquième pilier de l'islam. Il est obligatoire pour tout musulman en mesure, physique et financière, de l'accomplir. C'est un voyage spirituel initiatique autour des lieux saints de l'islam, sur les traces de Mahomet. Le rituel se déroule sur cinq jours à des dates et dans un ordre précis. Le pèlerin doit, entre autres, se purifier, prier, tourner autour de la Kaaba, lapider un pilier et des stèles, dormir dans le désert, parcourir un couloir en se dépêchant mais sans courir, sacrifier un mouton, etc. Le nombre de pèlerins effectuant le hajj peut officiellement atteindre 3 millions par an. Peut-être le double officieusement. Pas mal, mais bon, le pèlerinage à Disneyland Paris, c'est 15 millions.

On met les voiles ?

Ah, le fameux coup du foulard. Alors, le Coran impose-t-il aux femmes de se voiler ? C'est encore et toujours une question d'interprétation du texte. Les plus orthodoxes, comme les salafistes, en font une obligation et pensent que le voile doit avoir la taille d'une tente Quechua. D'autres musulmans estiment que le Coran recommande simplement aux femmes et aux hommes d'adopter une tenue décente.

Je peux avoir plusieurs femmes ?

Vous voulez dire en même temps ? C'est ça ? OK… Alors, dans l'islam, oui. Mais attention, quatre femmes max. C'est comme ça. Et ça veut aussi dire qu'il faut subvenir à leurs besoins et à ceux des enfants. Après, on imagine que vous êtes au courant, mais il vous faudra quitter la France. Parce qu'en Europe, c'est interdit. Et sachez que dans les pays musulmans, la polygamie – il faut dire polygynie en fait – est en net déclin et pas toujours bien vue. La polyandrie – une femme avec plusieurs maris – n'est pas évoquée. Mais, sérieusement, qui voudrait avoir plusieurs maris ?

Et, je peux lui taper dessus de temps en temps ?

Nous y voilà. D'abord, « bats ta femme tous les matins, si tu ne sais pas pourquoi, elle, elle le sait » n'est pas une phrase du Coran. C'est un proverbe à la noix. La phrase du Coran qui fait débat, la voici : « Et quant à celles [les femmes] dont vous craignez la désobéissance, exhortez-les, éloignez-vous d'elles dans leurs lits et frappez-les. » (Coran 4:34.) Mais, là encore, cette phrase suscite un nombre d'interprétations invraisemblable. De ceux qui affirment que c'est une mauvaise traduction, en passant par ceux qui estiment qu'il s'agit d'une petite tape dans le dos fort acceptable surtout dans les années 600, jusqu'à ceux qui pensent qu'on peut effectivement mettre des tartes à sa femme. Quoi qu'il en soit, d'une manière générale il serait difficile de dire que la place de la femme dans le monde musulman est confortable. Au Pakistan, au Bangladesh, en Turquie, au Sénégal, au Kosovo ou encore en Indonésie, des femmes ont pourtant été présidentes ou premières ministres. Le rôle des femmes dépend plus du contexte politico-religieux que de l'islam de Mahomet. Le prophète a beaucoup œuvré pour améliorer la condition des femmes de son époque. Condition féminine qui, dans l'Arabie polythéiste du VIIe siècle, partait d'assez bas.

L'histoire du mariage avec une fille de sept ans, ça craint quand même ?

Grave. Le mariage de Mahomet avec son épouse préférée Aïcha est un énorme problème pour les musulmans. C'est le passage de la vie du prophète le plus utilisé pour décrédibiliser l'islam.

Décime-moi un mouton

Le rituel de l'Aïd el-Kebir – de son vrai nom l'Aïd al-Adha, la fête du sacrifice – commémore l'acte fondateur du monothéisme. Abraham/Ibrahim qui accepte de sacrifier son fils Ismaël. Dieu demande à l'archange Gabriel (encore lui !) de remplacer l'enfant par un bélier au dernier moment. Au-delà de se soumettre à Dieu, cet épisode vient aussi interdire aux croyants d'un Dieu unique le sacrifice d'un être humain en y substituant celui d'un animal. Le sacrifice du mouton est une offrande faite à Dieu, très codifiée. On aimerait bien vous donner la date de l'Aïd, mais comme ils n'ont pas le même calendrier, ça change tout le temps.

Vous aimez les fruits de mer ?

Parce que sinon ça risque d'être difficile au resto. Les musulmans, les juifs et les végétariens sont les amis les plus relous à inviter à dîner. Si les musulmans et les juifs ont quasiment les mêmes interdits, les musulmans sont rabat-joie dès l'apéro. Le Coran interdit en effet toute consommation d'alcool. Tout ce qui rend ivre, en fait. Et toutes les drogues par extension.

Pour la nourriture, tout d'abord, le truc que tout le monde connaît : le porc. Chez les musulmans comme chez les juifs, le porc est nourriture *non grata.*

Personne ne sait vraiment pourquoi, mais plein de gens ont des explications qui paraissent très cohérentes : maladies, délit de sale gueule, etc. En tout cas, le porc, c'est pas **halal**. Halal, ça veut dire permis, licite ou autorisé quand on est musulman. Quand un truc est halal, ça veut dire qu'on a le droit de le bouffer, quoi. Donc le porc, le marcassin, la truie, le sanglier, c'est non. Pour le reste de la viande, elle doit être égorgée en direction de La Mecque par un boucher croyant, et au nom d'Allah.

Les fruits de mer, les poissons, les laitages, les fruits et les légumes, c'est buffet à volonté. Les œufs et le lait, c'est bon. Mais vous pouvez trouver à peu près n'importe quoi estampillé halal en supermarché, marketing oblige. Pourtant, le label halal a un sens. Au-delà de l'interdit alimentaire, le Coran exige de bien traiter les animaux. On pourrait donc considérer à l'extrême que l'élevage en batterie est **haram**, illicite. Ah oui, faites gaffe, un produit qui contient ne serait-ce qu'un élément interdit est interdit. Donc au resto il faut demander la recette des plats et il faut lire tous les petits caractères sur les paquets de bonbecs.

Le mot de la fin

Avenir.

Quoi qu'il advienne, l'islam est une religion d'avenir. Et Allah seul sait de quoi il sera fait.

L'hindouisme : ça s'en va et ça revient

« La routourne, elle va tourner. »

Franck RIBÉRY

Il était une foi

La longue route des Indes

N'y allons pas par quatre chemins de Compostelle : vous ne comprendrez jamais rien à l'hindouisme. Vous avez peut-être vu *La Cité de la joie* avec Patrick Swayze (il nous manque). C'était triste ce film, surtout quand l'ignoble patron détruit le pousse-pousse du meilleur ami de Patrick qui interprète un docteur au grand cœur. Vous avez aussi adoré *Slumdog Millionaire*, sauf que le héros est musulman. Vous n'avez jamais vu un film Bollywood, mais vous trouvez ça vraiment formidable ces gens qui dansent et chantent en même temps. Bref, vous manquez de culture [1] mais surtout

1. On plaisante.

d'imagination et avec l'hindouisme, vous allez en baver. Vous êtes si terre à terre. Déjà, quand on vous dit que Jésus a marché sur l'eau, vous pensez : « Sérieux ? Mais tant qu'à faire, pourquoi il court pas sur l'eau ? » Dieu, que vous êtes déprimant avec vos certitudes d'Occidental élevé au Big Bang. Pourtant, la forte croissance de l'Inde, le départ de votre conjoint(e) pour quelqu'un de moins beau et de moins riche que vous, ainsi que votre chômage longue durée devraient vous inviter à une plus grande ouverture d'esprit.

Vieille branche

Avec environ un milliard d'adeptes, l'hindouisme complète donc le podium de la grande course de la foi, loin devant des bouddhistes, deux fois moins nombreux et, comme souvent, complètement largués. Attention cependant, dans l'éventualité de votre conversion, gros point noir, surtout si vous avez l'estomac fragile : il vous faudra vous installer en Inde pour profiter pleinement des avantages de votre religion. Eh oui, plus de 95 % des hindous sont des Indiens. Ceci explique – mais n'excuse certainement pas – votre grande méconnaissance de la croyance d'un humain sur sept. Et puis le fait d'avoir honte n'excuse rien non plus. N'avez-vous donc aucun respect pour vous-même ? Ressaisissez-vous, nom de Dieu ! Essayez au moins de vous imprégner un peu de la sagesse d'une des religions les plus anciennes encore pratiquées.

Selon le niveau d'exagération – et d'alcoolisation – des indianistes, nom donné aux spécialistes de l'Inde (ou d'Indiana Jones, selon le contexte et là, c'est pas le contexte), on situe la naissance de l'hindouisme quelque part entre -1500 et 500 av. J.-C. Comme on dit, ça commence à faire. Bref, ça date, quoi. L'hindouisme est issu du brahmanisme, lui-même issu du védisme. Voilà une jolie frise :

Védisme (-1500 à 900 av. J.-C.) > Brahmanisme (-900 à 400 av. J.-C.) > Hindouisme

Selon la tradition indienne, en résumé (mais alors vraiment très très résumé), pour les hindous, la vérité a été révélée oralement à sept sages (les **rishi**) plongés dans la méditation, puis transmise de sage en sage (les **brahmanes**), toujours oralement, avant d'être compilée dans un ensemble de textes qu'on appelle **le Véda**.

Mais c'est quoi le concept ?

Cycle long

Accrochez-vous, ça va décoiffer. D'abord, l'homme est prisonnier du cycle des réincarnations. Vous avez vu plein de trucs sur le bouddhisme, donc vous connaissez le principe. Les actions de la vie antérieure déterminent la vie actuelle dont les actions détermineront la vie future. Jusque-là, tout va bien. C'est le fameux **karma**, dont le sens littéral est « action ».

Le but est d'atteindre la libération de l'âme, le **moksha**, du cycle des renaissances, le **samsara**. En synthèse, il s'agit, au fur et à mesure que l'on progresse dans ses vies successives, de s'améliorer pour atteindre le moksha.

En fait, c'est un peu des bouddhistes, non ?

Grave que non, frère ! Certes, le bouddhisme est né en Inde, et du coup bouddhisme et hindouisme sont évidemment très liés. Ils partagent l'idée fondamentale du cycle des renaissances dont il faut s'extirper grâce à l'éveil, mais c'est là que se trouve aussi la différence la plus profonde entre les deux visions de l'univers. Pour les hindouistes, c'est en raffinant l'essence de son âme, en se concentrant sur elle et sur les bonnes actions à mener qu'on peut se libérer. Pour les bouddhistes, au contraire, l'âme en elle-même, est une illusion. Il faut supprimer le Moi pour connaître l'éveil.

Voici un exemple classique de discussion qui tourne mal entre un bouddhiste et un hindouiste :

B : Le bien et le mal sont les deux faces d'une même pièce.

H : Va dire ça à un Chinois, espèce de nihiliste !

B : Et toi va prier une vache, pauvre zoolâtre !

Nous préférons arrêter là la retranscription de cet échange qui, vous en conviendrez, a rapidement gravi l'échelle de l'agressivité. Néanmoins, si vous avez apprécié ce dialogue, vous trouverez au prochain chapitre quelques exemples de bouddhistes agressifs.

D'accord, mais, du coup, le monde, il vient d'où ?

Du **Brahman !** Le Brahman – à ne pas confondre avec les brahmanes ci-dessus, le dieu Brama ci-dessous, et surtout pas avec un barman – est un concept abstrait. C'est l'Un, la réalité ultime, l'absolu, le neutre, l'inépuisable, l'omniscient... Vous voyez ce qu'on veut dire ? Non ? On sait, mais bon, à notre avis, les hindouistes non plus. D'ailleurs, on peut aussi traduire le Brahman par l'indescriptible. Ce qui nous fait penser qu'on se fout un peu de nous. Allez, disons que le Brahman est l'âme universelle. Il est en nous et en toute chose.

Donc le Brahman, c'est Dieu ?!

Mais non ! C'est pas Dieu possible. Le Brahman n'est pas Dieu, ni le créateur. Il est l'essence de l'univers. On dit traditionnellement que l'Inde est le pays aux 330 millions de dieux. Ça fait un dieu pour trois Indiens vous me direz... Bon, en réalité les dieux sont tous l'incarnation du Brahman. Trois d'entre eux sont les plus importants. Il s'agit de la **Trimūrti**. Une trinité composée de Brama, Vishnou et Shiva.

L'incroyable histoire des dieux de l'Inde

Les trois ténors

Brama incarne la création, **Vishnou**, la protection et **Shiva**, la destruction. Les trois principes fondamentaux de notre monde. Et c'est Brama qui l'a créé, notre monde. Et là, vous vous dites que c'est lui le chef, qu'il doit être trop cool. Eh bien non ! Les hindous honorent très peu Brama. Ils le prennent même plutôt pour un gros *loser*, un peu comme un ado considère ses parents. Pourquoi ? Parce que c'est lui qui les a emprisonnés dans le cycle des réincarnations, ce « monde-réel-prison », le samsara. Et comme le but est de s'en libérer, du coup, c'est en réalité Vishnou et Shiva qui se partagent la plupart des prières des fidèles.

— Cheese !

(La Trimūrti, illustrations du Bhagavata Purana, vers 1780-1785.)

C'est qui le plus fort : Vishnou ou Shiva ?

Nous, auteurs, bien au-delà de toute objectivité, même feinte, préférons largement Shiva. C'est le *bad boy* ultime. C'est le dieu de la destruction. Il a un troisième œil au milieu du front – comme tous les gens qui ont un troisième œil, d'ailleurs. En même temps, où voudriez-vous mettre votre troisième œil ? Quoique… –, un cobra autour du cou, un trident et plein de trucs trop cool. Il chevauche un taureau et le Gange prend sa source dans sa chevelure. Ah oui, son emblème est le Shiva Lingam. Il s'agit d'un énorme phallus. Des milliers d'énormes queues sont dressées à travers l'Inde et toute l'Asie en son honneur. La classe, la vraie.

Vishnou, c'est le gentil, connu pour ses nombreux avatars (oui, on sait vous avez vu *Avatar*, c'est bien). Il sauve l'univers à tout bout de champ. Nous, on le trouve un peu trop gentil pour lui faire confiance.

Mais les hindous sont libres de vénérer principalement le dieu de leur choix sans pour autant exclure les autres et sans s'écarter de l'hindouisme. Leur dieu favori devient alors l'incarnation ultime du Brahman et ils considèrent que les autres n'en sont qu'une émanation. Les vishnouistes considèrent que Shiva est une incarnation de Vishnou ; les shivaistes, que Vishnou est celle de Shiva. On peut encore adorer d'autres divinités, Ganesh, le dieu intello à tête d'éléphant, ou bien Shakti, la féminité. On peut dans ces deux cas dire que les fidèles sont shivaïtes. Ganesh est le fils de Shiva, Shakti son essence même… Le principe est que tous les chemins – ici, les dieux – mènent au Brahman.

C'est bon à savoir (ou pas)

Ni église, ni prophète

L'hindouisme n'a ni fondateur officiel ni clergé. Ses « prêtres » sont les brahmanes. Ils peuvent être issus d'une famille de brahmanes ou bien d'une autre caste et avoir embrassé la sainteté. En bon Occidental, vous êtes déjà en train de vous dire que vous entameriez bien une carrière de guide spirituel. Vous êtes toujours de bon conseil et, selon votre mère, vous ne manquez pas de charisme. Aider les autres, vivre en toge, méditer sous un arbre… Que pouic ! Le rôle de l'hindouisme est si étroitement lié à la vie quotidienne des Indiens qu'il est impossible de s'autoproclamer gourou ! Vous n'auriez aucun fidèle et on se paierait bien votre pomme. De plus, contrairement à l'image d'Épinal de la carrière classique du patron de secte, les brahmanes sont extrêmement pauvres. Ils pratiquent la mendicité et ne possèdent rien. Tous vivent en dessous du seuil de pauvreté, et pas celui de la Suisse, celui de l'Inde : environ 50 roupies par jour, soit 66 centimes d'euro. Ça le fait moins, d'un coup.

Caste-toi

Il n'y a que quatre castes inscrites dans l'hindouisme. Les quatre **varnas** (« couleurs ») :

– Les brahmanes : les prêtres.
– Les kshatriyas : les guerriers, les rois et les administrateurs.

– Les vaishyas : les paysans, commerçants et artisans.
– Les shudras : les serviteurs.

Le système des centaines de castes de l'Inde moderne est une série d'innombrables subdivisions de ce système. La discrimination des Intouchables (oui, on sait que vous avez vu le film !) – les **Dalits** – n'est pas inscrite dans l'hindouisme. Sachez aussi qu'un intouchable, Kocheril Raman Narayanan, a été président de la République de 1997 à 2002. Le système de castes est bien plus compliqué que notre vision angélique de l'autre bout du monde (et pan, dans les dents).

Concernant les sacrifices humains, là aussi, l'hindouisme est très clair. Le sacrifice humain n'a de valeur que si le sacrifié est volontaire. Tout le monde est rassuré.

C'est pas exactement de l'hindouisme, mais on n'allait pas faire un chapitre dessus

Le jaïnisme, c'est de l'hindouisme extrême. À réserver aux plus avertis. Absolument non-violent, au point que certains portent des masques pour ne pas avaler d'insectes et évitent de marcher afin de ne pas écraser de vers. Le jaïnisme – qui compte des millions de fidèles – a créé un vaste débat juridique en Inde autour de la pratique du **santhara**. Le santhara est un suicide par le jeûne. Vous allez en faire des cauchemars. Les jaïns – âgés en général – réclament le droit de quitter ce monde en se laissant mourir de faim. Selon la tradition, ils annoncent publiquement cette décision, dans le journal local par exemple. Famille et religieux les accompagnent jusqu'à la mort. Changeons de sujet.

Le sikhisme, à ne pas confondre avec la passion du vélo. La religion sikhe est une religion emplie d'amour et de respect. Oui, parfois, nous savons être sérieux. Le sikhisme a été fondé au XVe siècle par gourou Nanak (non, nous ne ferons pas de blague). Fils de parents hindous et très proche du monde musulman, gourou Nanak a créé une religion absolument monothéiste prônant la bonté, juste la bonté. Ainsi, le *Guru Granth Sahib*, le livre saint des sikhs, dit-il : « Ne dites pas que les Védas, la Bible et le Coran sont faux. Ce sont ceux qui ne les contemplent point qui sont faux. » Et bim.

Les mots-clés qui donnent chaud :

#TANTRISME
#KAMASUTRA
#CURRY

Côté pratique

Qu'est-ce qu'on mange ?

Essayez d'être logique. Pour les hindous, la vie animale et la vie humaine ont la même valeur. En effet, nous avons tous été un animal dans une vie antérieure et nous le redeviendrons peut-être en fonction de nos actions – karma. Du coup, d'après vous, que pensent les hindous quand vous bouffez – assez salement d'ailleurs – votre côte de bœuf saignante ? C'est simple : que vous êtes un foutu cannibale. Les hindous sont végétariens. Voire un peu plus. Même les œufs sont prohibés. La consommation de viande est juste tolérée en Inde. Et la viande bovine est absolument interdite. Vous avez déjà entendu parler de la vache sacrée ? Elle est adorée comme une mère par les Indiens pour son lait. Vous trouvez ça ridicule ? Réfléchissez.

Et au niveau des rituels, c'est chaud non ?

Honnêtement, il va falloir poser pas mal de RTT et être un peu bricoleur. Avoir son propre autel est indispensable. Et pourquoi pas un Shiva Lingam ? Nous parions que votre femme en a déjà un.

Au quotidien, il faut faire des offrandes – des fleurs, du riz, des saucisses cocktail, etc. –, se purifier – avec des ablutions, en jeûnant –, prier, réciter des mantras – un mantra, c'est comme un slogan publicitaire, mais plutôt sur des trucs comme la compassion que sur la réparation de pare-brise. Les hindouistes passent en plus des heures à méditer.

La non-violence est de rigueur. **Ahimsa** veut même plutôt dire « non-nuisance ». Commencez par arrêter de vous embrouiller sur le périph.

Enfin, la baignade dans le **Gange** est un *must* absolu. Elle vous permettra de vous laver de tous vos péchés, et Dieu sait qu'ils sont nombreux. Mieux, vous accéderez plus rapidement au moksha ! Bon, il faut quand même qu'on vous dise un petit truc. Le Gange a aussi le pouvoir de libérer les défunts. Chaque jour, il accueille environ 500 cadavres humains et 10 000 carcasses d'animaux. Prévoyez un stock d'antibiotiques et de la crème apaisante.

Le mot de la fin

Yoga.

Faites déjà un cours d'essai.

Le bouddhisme : on se réveille

« Le bouddhisme, c'est l'athéisme
devenu religion. »

Albert CAMUS

Il était une foi

Rêve éveillé

Le bouddhisme est né en Inde aux alentours du Ve siècle avant qui vous savez. Il est issu de l'enseignement de **Siddharta Gautama** après qu'il a connu l'éveil et qu'il est devenu celui qu'on appelle **Bouddha**, ce qui veut assez logiquement dire l'éveillé. C'est la doctrine d'un homme, né prince, qui renonce aux biens matériels pour atteindre l'illumination : **le nirvana**. Le bouddhisme reprend, modifie et réordonne bon nombre de concepts spirituels de l'hindouisme à sa sauce aigre-douce. Le célèbre karma, par exemple, ou encore la réincarnation.

Mais la différence fondamentale, c'est justement que Bouddha casse ce cycle incessant de vies antérieures et futures.

Le groupe Nirvana

L'ensemble des pratiquants porte le nom de **Sangha**. Il compterait environ 500 millions de fidèles dont plus de la moitié se trouverait, de gré ou de force, en Chine – voir le passage sur le Tibet dans ce chapitre. Mais il est très difficile de faire cette évaluation dans la plus grande nation au monde. Les pratiques religieuses peuvent y paraître déroutantes : elles sont souvent mélangées. La Thaïlande arrive en deuxième position avec plus de 9 personnes sur 10 bouddhistes. Le Japon complète le podium avec un tiers de sa population, soit environ 40 millions de personnes. La Sangha est quantitativement inexistante hors de l'Asie.

Ah ouais, le bouddhisme – j'touche ma bille dans tout ce qu'est un peu chinois –, plus qu'une religion, c'est un peu une philosophie de vie, non ?

Mouais, d'accord. Si vous le dites. Vous êtes si… curieux. Alors, définition du mot *religion* par le *Larousse* : « Se dit d'une sauce froide faite de jaunes d'œufs durs écrasés, émulsionnés à l'huile et au vinaigre, et de condiments hachés. » Euh, non pardon ça, c'est la définition de *gribiche*. Désolés. Alors, attendez. « Foutaises, fumisterie », non c'est l'autre sens. Religion : « Ensemble déterminé de croyances et de dogmes définissant le rapport de l'homme avec le sacré. » Quant à *philosophie*. Bougez pas. *Pensée*, *pertinence*, *phallus*... Philosophie ! « Ensemble de conceptions portant sur les principes des êtres et des choses, sur le rôle de l'homme dans l'univers, sur Dieu, sur l'histoire et, de façon générale, sur tous les grands problèmes de la métaphysique. » Finalement, c'est à vous de voir si la réincarnation, l'éveil et ce qu'on va vous raconter sur Bouddha tiennent plus de la « croyance » ou de la « conception ».

Signe particulier : Néant

Les grands philosophes allemands et français du XIXe se sont cassé les dents et nous ont bien cassé les c... picds avec le bouddhisme. C'est simple, ils n'ont rien capté. Mais alors que dalle. Bande de gros ploucs qui se la pètent. Pour Hegel, « L'homme doit se faire néant » ; pour Renan, il s'agit d'une « Église nihiliste ». Nihilisme. Le gros mot est lâché. Et il va faire flipper toute l'Europe en commençant par la France dans la deuxième moitié du siècle. Puisque la vie est souffrance, et qu'il faut anéantir la souffrance, il s'agit donc d'anéantir la vie, non ? Ça s'appelle un raccourci et c'est en général plus utile pour se déplacer de manière physique que pour se dépasser de manière psychique – Et bim ! Oui c'est bien écrit, on peut vraiment dire que vous en avez pour votre argent, voire plus. Le bouddhisme est alors vu comme une grande menace planant sur les âmes par les catholiques et les spiritualistes de tout poil.

À soixante-huit ans, Schopenhauer s'achète une statue de Bouddha qu'il fait dorer. Oui, Schopenhauer, le maître du pessimisme. Le bouddhisme pessimiste ! ? Nietzsche, qui est comme souvent dans la mesure, déclare, lui, la guerre à cette religion qu'il voit comme une faiblesse.

Sidérant choc culturel provoqué par la rencontre entre l'Occident et le bouddhisme. Nous n'aimons pas trop recommander d'autres livres. Nous considérons que cela nous fait de l'ombre et puis, on n'est pas payés pour faire la pub des autres. Néanmoins – néant moins, hum, hum –, comme nous avons pompé ce chapitre dans son ouvrage (mais honnêtement, c'est une pratique courante chez tous les auteurs, pas la peine de pousser des grands cris, on ne vous a rien demandé. Comment vous croyez qu'on procède ? On se documente, c'est tout ! On n'a pas la science infuse et encore moins la vérité révélée. Y a pas écrit Moïse ou Mahomet, là !), nous vous recommandons, si vous êtes suffisamment intelligent et que pour vous la culture ça veut quand même encore dire quelque chose, le super livre *Le culte du néant : les philosophes et le Bouddha* de Roger-Pol Droit, Le Seuil, 1997.

Et si, comme nous, vous vous délectez de voir traîner les grands esprits dans la boue, nous ne saurions hésiter à faire notre grosse michetonneuse, quitte à bafouer notre amour-propre, notre honneur ainsi que les règles élémentaires du savoir-vivre et de la publicité déguisée, assumant sans frémir le risque d'un coûteux procès, en vous recommandant l'indispensable *Dictionnaire des cons et autres génies*, Pygmalion, 2015, d'Agathe Colombier-Hochberg et Samir Bouadi. Achetez-en deux, on ne sait jamais.

C'est quoi le concept ?

Réveil en fanfare

On a déjà parlé du cycle de réincarnation chez les hindouistes : le samsara. Vous vous souvenez ? On se réincarne indéfiniment en fonction des actions dans la vie précédente. Chez les bouddhistes, cette notion est un peu différente. **Le samsara est un tout dans lequel on s'incarne de manière aléatoire jusqu'à l'éveil**. On peut donc se réincarner dans le passé, dans le futur… D'autant que la notion d'âme n'existe pas non plus, car au fond, rien n'existe dans notre monde. Aïe, ça se corse. Bon, vous avez vu *Matrix* ? Eh bien, disons que notre monde, c'est la matrice. Une fois que vous avez connu l'éveil, vous pouvez apparaître comme bon vous semble dans la matrice. Et le bouddhisme, c'est chercher à atteindre l'éveil.

Le ménage par le vide

Pour atteindre le nirvana, il faut faire le vide. Mais le vide de quoi ? C'est justement toute la question. Le mot nirvana veut dire extinction. Extinction des passions, des désirs et donc de la souffrance. La doctrine bouddhique est riche d'innombrables subtilités et concepts. Notre résumé n'en est d'ailleurs que plus remarquable. Surtout, il n'y a pas de chemin tout tracé. Seule une pratique intérieure et personnelle peut permettre d'atteindre l'éveil. Pire, selon le Bouddha, la voie ne peut pas être transmise ! Seule l'expérience peut guider nos pas.

Un exemple à méditer

La méditation a un rôle central. Là encore, de très nombreuses notions et écoles existent – enfin, façon de parler puisque rien n'existe. Schématiquement, on peut dire que la méditation a deux buts.

Le premier est le **dhyāna**. C'est le calme, la tranquillité, la contemplation, l'instant présent. Cela se rapproche de l'état recherché par les pratiquants de la méditation pleine conscience qui a grave la cote en ce moment.

Le second est l'**arhat**. Le plus haut niveau de sagesse. La voie vers l'éveil. La voie de celui qui cherche à vaincre la peur, les désirs, l'ignorance… et donc son meilleur ennemi : lui-même !

Un grand absent

Vous n'avez rien remarqué ? Hum, hum. Vous n'auriez pas perdu QUELQUE CHOSE ? Non, ce ne sont ni vos clés, ni la télécommande, ni le papier sur lequel votre fils a noté le code du wifi. C'est plus important. Il ne vous manque pas un truc ?

Un GROS truc ? Un truc vraiment balèze ? **DIEU** !!! Bande d'ingrats… Vous oubliez vite. Il n'y a pas de dieu créateur dans le bouddhisme. En même temps, vu que rien n'existe, rien n'a été créé. Logique. Et du coup on ne prie personne. Qui voudriez-vous prier ? Bouddha ? N'importe quoi.

L'incroyable histoire de Bouddha

Né pas laid

Siddhārtha Gautama, de son vrai nom, est né à une date dont on n'est pas sûr et qui fait débat mais on finit par avoir l'habitude. Quelque part entre le -1029 et -463. Ce qui est quand même une sacrée fourchette. Vraisemblablement plutôt autour du Ve ou du VIe siècle avant qui vous savez. Siddhārtha est le fils de Shuddhodana, roi de la cité-État Kapilavastu, située sur ce qui s'appelle aujourd'hui le Népal, sur les flancs de l'Himalaya. Siddhārtha est le prince d'un clan de nobles guerriers qui administraient le nord de l'Inde de l'époque. Ce sont les Shakyas. L'un des surnoms les plus courants pour désigner Bouddha est Shakyamuni : le sage des Shakyas.

Sa mère, la reine Māyā, est issue d'un clan parfois rival, parfois allié : les Kolyas. Māyā avait des difficultés à avoir un enfant. Pourtant, alors qu'elle participe à la fête de l'**Uttarāsālhanakkhatta** – qu'on appellera juste la grosse teuf si ça ne vous dérange pas – et alors qu'elle n'a pas fait de boogie-woogie depuis sept jours (croit-on judicieux de nous préciser même si ça nous met mal à l'aise), le cours de l'histoire de l'humanité va une nouvelle fois changer. En rêve, elle est transportée sous un arbre dans l'Himalaya par quatre dieux-gardiens – des super concierges. Les femmes de ces quatre fantastiques la baignent dans un lac et l'apprêtent comme pour sa première boum. Elle est alors conduite dans la chambre d'un palais doré. C'est là que se présente un visiteur pas comme les autres : un éléphanteau blanc aux six défenses tenant une fleur de lotus dans sa trompe. C'est classe de sa part d'avoir pensé à acheter un petit bouquet. Tel Zeus transformé en cygne, l'éléphanteau est en réalité un être éveillé : un **bodhisattva** – on va vous expliquer après – dont les intentions ne sont pas très catholiques (attention : plaisanterie anachronique). L'éléphanteau/éveillé pénètre alors le corps de la reine Māyā par le flanc. C'est le seul exemple connu de FIE – Fécondation In Éléphanteau. Et tout cela alors que ni le GHB ni le LSD n'avaient été inventés.

Juste avant l'accouchement, la reine voyage pour rejoindre sa famille comme le veut la tradition. Elle est attirée par le bois fleuri de Lumbini. Debout, accrochée à la branche d'un sal – un arbre répandu dans cette région –, elle donne naissance au futur Bouddha qui sort par son flanc. Faudra quand même penser à voir un gynéco… Le jeune prince prend possession de l'univers en se tournant vers les quatre points cardinaux et en faisant sept pas vers le nord.

C'est pas nos enfants qui feraient ça. Nous, ils étaient tout fripés et tout rabougris.

Au cinquième jour – le jour du choix du prénom selon la tradition –, huit brahmanes ont fait le déplacement pour voir la petite merveille. Sept prédisent que l'enfant sera soit un grand roi, soit un ascète… Tu parles d'une prédiction pourrie. Nous aussi on peut en faire des comme ça : il sera communiste ou banquier, pianiste ou bûcheron, poète maudit ou cascadeur à moto. Bref, le huitième sage reconnaît en revanche le futur Bouddha.

La reine meurt sept jours plus tard. De douleur ou de joie, ça dépend des versions. Elle confie le jeune seigneur à sa sœur, Prajapati, qui est aussi la co-épouse du roi Shuddhodana, ce qui simplifie quand même la paperasserie. Plus qu'une mère adoptive, Prajapati va jouer un rôle très important puisqu'elle sera la première femme à suivre Bouddha et à l'origine de la Sangha féminine.

Prince sans rire

Terrifié à l'idée que son fils devienne un ascète, le roi décide de le tenir à l'abri de toute souffrance. Le jeune Siddhārtha est élevé au palais dans les traditions de la noblesse et de l'hindouisme. Bonnes manières et tir à l'arc au programme.

À l'âge de seize ans, il épouse la jolie princesse Yashodhara qui lui donnera son seul fils : Rahula. Ils seront tous deux appelés à devenir des disciples importants.

Le problème c'est que, sans trop encore savoir pourquoi, Siddhārtha fait toujours un peu la tronche. Il ne semble pas intéressé par les plaisirs terrestres. Et il trouve que sa femme et son fils lui causent plus de tourments qu'autre chose. Aujourd'hui, on lui filerait un bon antidépresseur et un coup de rouge au déjeuner, mais à l'époque…

Un sage en souffrance

À vingt-neuf ans, le prince va découvrir que la vie n'est pas rose. Chaque fois, en se rendant en calèche au jardin royal. En une année, Siddhārtha va faire quatre rencontres, chacune à quatre mois d'écart. Et systématiquement, le roi va tenter d'élever le niveau de sécurité autour de son fils. En vain. Le prince croise d'abord un vieillard, le genre qu'on voit dans le bus aux heures de pointe. Il est horrifié par les ravages du temps qui passe. Plus tard, il fait face à un malade et prend conscience que tout le monde finit par choper une saloperie. Sa troisième rencontre est avec la mort lorsqu'il croise un convoi funéraire. Il vient de prendre conscience de l'existence de la vieillesse, de la maladie et de la mort. Ça craint. Pour sa quatrième rencontre, il croise un ascète. Un renonçant. Un sage vertueux qui tente de se libérer des tourments de ce bas-monde. C'est un choc, c'est un pic, c'est un cap, que dis-je ?! C'est une révélation.

La politique de l'austérité

En secret, Siddhārtha quitte le palais et abandonne tout : honneurs, richesses, travail, famille, patrie, veau, vache, cochon et mémé dans les orties. Et contrairement à ce qu'on pourrait facilement imaginer, ce n'est pas pour rejoindre en cachette le jeune et vigoureux Miguelito à l'heure où blanchit le pain de campagne dans une petite chambre d'hôte avec vue sur le bassin d'Arcachon et dont la clé est cachée sous une pierre polie par le temps et l'amour, juste à côté d'un saule pleureur centenaire nous rappelant inlassablement que la nature, purée, c'est la nature. C'est encore moins pour participer à un tournoi de poker sur un paquebot indétectable qui peut se transformer en robot, organisé dans les eaux internationales par un milliardaire russe violent et maladivement jaloux dont la femme peu farouche à la grosse poitrine refaite nous fait du pied sous la table depuis le début du repas alors qu'on nous présente le plateau de fromages, que son mari commence à nous regarder bizarrement en caressant une arbalète que nous n'avions pas remarquée et qu'elle chausse du 44. Ce serait pas un travelo, quand même ?!

Non, Siddhārtha ne pense pas à ce genre de choses, lui. Le prince se retire du monde. Sans relâche, il va s'infliger les pires mortifications avec les plus extrêmes des plus extrêmes ascètes indiens. Vivant dans les forêts, se nourrissant rarement, sans aucun contact avec la civilisation et le tout dans une pauvreté absolue. C'est simple, à côté, mère Teresa et l'abbé Pierre menaient une vie de patachon. Au point que le prince amaigri et affaibli va manquer de nous faire une Claude François en se noyant dans son bain.

Et puis, au bout de six ans, il change d'avis. Il se lève, regarde ses compagnons d'ascétisme et leur dit qu'il veut se casser. Les autres pensent que Siddhārtha s'écarte du droit chemin. Mais en réalité – pardon, nous devrions dire en illusion –, il veut suivre son propre chemin. Il décide alors que les austérités, comme tous les excès, ne servent à rien et choisit de revenir à la pratique de la méditation. Il trace ainsi sa route : la voie du milieu.

Auprès de mon arbre

Pour fêter ça, Siddhārtha – qui sait quand même faire la bamboula – accepte un bol de riz au lait offert par une jeune fille. Écœurés par ce geste, les cinq susceptibles ascètes qui l'accompagnaient jusqu'alors prennent la mouche et la tangente.

Le prince se lave avec soin. Il choisit un grand figuier, un pipal, et décide de méditer sous cet arbre sans bouger jusqu'à l'illumination, quoi qu'il advienne. Mais le démon Māra ne l'entend pas vraiment de cette oreille. Le dieu de la mort, de la luxure et de la tentation n'a pas du tout envie de partager son bifteck céleste avec qui que ce soit. Il envoie d'abord ses filles faire du gringue à Siddhārtha qui n'ouvre même pas les yeux alors que les filles en question, c'est niveau défilé Victoria's Secret, c'est pas le bois de Boulogne. Ça sent la vanille et c'est doux comme une peau de chamois toute neuve. Des hordes de démons se déchaînent ensuite dans l'indifférence la plus totale. Enfin, dans une espèce de procédure juridique métaphysique désespérée, Māra conteste carrément au prince le droit à l'éveil et lui demande de produire un témoin capable d'attester qu'il est en mesure de présenter sa candidature à l'illumination. Toujours sans un mot, Siddhārtha touche le sol avec sa main droite. La terre tremble, prouvant ainsi qu'il a atteint le nirvana. Māra détale sans demander son reste. Ce geste de « la prise de la terre à témoin », le Bhûmisparsha-mudrā – ne vous inquiétez pas, on les copie-colle tous ces noms avec trop de a et des accents bizarres – est si célèbre que c'est souvent dans cette position qu'est représenté Bouddha. Oui, le Bouddha ! Car, à trente-cinq ans, Siddhārtha vient de connaître la révélation ultime : **Bodhi**. Il est donc désormais **Gautama Bouddha**, LE Bouddha.

Pendant sept semaines, Bouddha va alors profiter seul des fruits de l'illumination. Absorbé par la méditation, il ne remarque même pas l'orage et l'inondation qui le menacent. Il est mis à l'abri sur un piédestal par un dieu-serpent. Toujours en train de planer, Bouddha se demande si le monde est prêt à recevoir son message et n'a pas très très envie d'enseigner. Mais les dieux insistent pour qu'il transmette ce qu'il sait à l'humanité et par compassion, il accepte. Il avait finalement juste besoin de se faire un peu prier.

Le cours de la vie

Bouddha va passer ses quarante-cinq dernières années à enseigner en prêchant. Il décide de commencer avec les cinq ascètes qui l'avaient rejeté. Il les retrouve près de Bénarès en Inde. C'est là qu'il va poser les bases de sa doctrine et leur faire son premier sermon : la mise en mouvement de la roue de la loi, Dharmachakrapravartana. Il y énonce la base du bouddhisme : les quatre vérités (voir ci-après). Sillonnant la région du Gange, Bouddha va propager son message, promouvoir sa pratique de la méditation et créer la communauté des moines bouddhistes.

Bouddha se barre

À quatre-vingts ans, tombé malade, en méditation, couché sur le flanc droit et en souriant, Gautama Bouddha meurt. Il atteint ainsi le **parinirvāna**, le mort physique d'un être éveillé. Une formalité, en somme.

C'est bon à savoir (ou pas)

Nos quatre vérités

Dans son premier sermon, Bouddha énonce les quatre nobles vérités, la base de son enseignement.

1. Dukkha : la souffrance.
2. Samudaya : l'origine de la souffrance.
3. Nirodha : la cessation de la souffrance.
4. Magga : la voie pour faire cesser la souffrance.

En résumé : la souffrance existe, il faut en identifier les causes, chercher à les anéantir et pour cela suivre le bon chemin. Et ce chemin se nomme le Chemin du milieu ou Sentier octuple : la parole juste, l'action juste, les moyens d'existence – la profession – justes, l'effort juste, l'attention juste, la concentration juste, la compréhension juste et la pensée juste. Ces huit préceptes se pratiquent tous à la fois.

Et un, et deux, et trois joyaux

Le Bouddha, le dharma – c'est-à-dire son enseignement – et la Sangha – la communauté des fidèles – forment les trois joyaux selon la tradition. En eux, les bouddhistes peuvent trouver refuge. Ils font opposition aux trois poisons : l'ignorance, l'avidité et la colère.

La doctrine du Bouddha repose sur trois notions ésotériques, les trois caractéristiques de la vie, **trilakshana** :

– Anātman : puisque rien n'existe, l'âme n'existe pas.

– Anitya : tout est en constante mutation, le changement est permanent.

– Dukkha[1] : comme rien dans ce monde ne peut nous satisfaire, nous souffrons.

1. Nous ne comprenons pas pourquoi la troisième caractéristique a le même nom que la première des quatre vérités. Fainéantise, arnaque ou vraie boulette ? Malgré nos tentatives, Bouddha reste injoignable.

Je pense donc je ne suis pas

La première des trois notions ci-dessus, anātman, est celle qui est la plus troublante pour de pauvres Occidentaux comme nous. Et elle est encore plus profonde qu'il n'y paraît. Rien n'existe donc, enfin, plus précisément, rien n'existe de manière séparée. C'est l'idée d'interdépendance. Nous faisons partie d'un tout et pourtant, nous avons l'impression d'être uniques. Pour tenter de traduire cette idée on utilise aujourd'hui l'incompréhensible expression « coproduction conditionnée ». Nous sommes prisonniers d'un monde qui est une suite infinie de causes et d'effets, comme un de ces dominos sur un circuit, poussé par le précédent et qui fait chuter le suivant. Quelqu'un veut une aspirine ?

Trop canon

Les textes sacrés du bouddhisme sont regroupés dans le canon pāli. Le pāli étant une langue autrefois parlée en Inde. Il est constitué de très nombreux textes : des discours du Bouddha, des règles de vie, des traités de métaphysique… On appelle ces textes des **sutras**. Ils sont traditionnellement conservés dans **trois corbeilles** : les Pitaka. C'est pour cela que le canon est aussi appelé **Tripitaka**. Il a été rédigé au Ier siècle de notre ère sur des feuilles de palmier au Sri Lanka. Le bouddhisme a donc d'abord été transmis par tradition orale. Il y a des différences notables en fonction des écoles et des pays de production.

Non, Bouddha n'est pas obèse

Avouez-le, quand vous pensez à Bouddha, vous vous imaginez un gros bonhomme rigolo. C'est à force d'aller manger des nems chez votre traiteur chinois favori. Pendant que vous patientez, vous êtes tout absorbé par la statue d'un gros gars qui se marre posée sur le comptoir. C'est Budai, le Bouddha rieur, figure très populaire dans toute l'Asie et synonyme de bonne fortune. Car il y a de très nombreux bouddhas. Quand on dit LE Bouddha, c'est Gautama Bouddha, mais il y en a plein d'autres. Leur nombre varie en fonction des traditions et des régions. Certains sont même parmi nous ! L'administration chinoise a ainsi publié une liste officielle de 870 bouddhas vivants afin d'empêcher de nuire les faux-Bouddhas-escrocs.

Bouddha : Même si c'est une illusion,
on est bien sur cette étagère, non ?
Cochon : Je suis tellement content d'être votre copain.
Groui Groui.
Bouddha rieur : Copains comme cochon ?

(Mise en scène et photo réalisées avec brio par les auteurs pour moins de 15 euros.)

Jusque-Bouddhistes

Vous allez dire qu'on voit le mal partout. Mais l'image pacifiste du bouddhisme vue d'Europe est quand même une vaste fumisterie. Évidemment, comme la plupart des religions, ses textes prônent la non-violence. Mais comme la plupart des religions, ils sont aussi responsables d'affrontements, d'assassinats et d'attentats... En Birmanie, au Sri Lanka et en Inde, l'islamophobie explose et les attaques contre les musulmans se multiplient. Il y avait des kamikazes zen pendant la Seconde Guerre mondiale. La secte Aum, responsable de l'attentat au gaz sarin du métro de Tokyo en 1995, se revendiquait d'inspiration bouddhiste. Il y a aussi une longue tradition de moines guerriers dont les plus célèbres sont ceux de Shaolin. Bref, désolés de vous casser votre délire, mais le bouddhisme n'est pas qu'un truc de Bisounours pour touristes et n'a pas le monopole de la non-violence.

King of the pop

En Occident, plus que sur les âmes – qui pour lui n'existent pas –, Bouddha règne avant tout sur la culture populaire. Cette célébrité peut tout de même paraître étonnante pour une religion marginale en dehors de l'Asie, mais s'explique sans doute par l'usage massif de drogues. Le mouvement hippie des années 1970 s'est en effet beaucoup inspiré des traditions orientales comme l'hindouisme, le taoïsme et donc, le bouddhisme. Jack Kerouac, le pape de la

« beat generation », courant artistique qui a enfanté le mouvement hippie, a lui-même écrit une biographie de Bouddha, intitulée *Réveille-toi*. Cette religion a fasciné les intellectuels et les artistes dès sa « découverte » par les Occidentaux au XIXe siècle. Herman Hesse, prix Nobel de littérature, a publié son *Siddhartha* en 1922. Aujourd'hui, c'est surtout le cinéma qui s'est converti au bouddhisme. *Sept ans au Tibet* de Jean-Jacques Annaud avec Brad Pitt, *Kundun* de Martin Scorsese, *Little Buddha* de Bernardo Bertolucci avec Keanu Reeves, etc. Certaines superstars d'Hollywood sont même pratiquantes, tels Angelina Jolie, Sharon Stone, Uma Thurman, Orlando Bloom et bien d'autres. Mais attention, tout ce beau monde ne pratique pas n'importe quel bouddhisme…

Gratin au Tibet

Le bouddhisme tibétain a bien sûr ses spécificités. Mais deux choses l'ont vraiment rendu si célèbre qu'on le confond parfois avec le bouddhisme en général, ce qui est inexact (voir p. 132).

Il y a d'abord le conflit avec la Chine. Une histoire millénaire de royaumes, de guerres, d'alliances, d'indépendances, d'occupations, d'annexions… La question qu'on se pose, vu de chez nous, c'est : « Mais pourquoi les méchants Chinois tout-puissants s'en prennent à ces pauvres Tibétains non-violents et à leur petit pays ? » Et c'est bien là que ça se complique car en réalité, le Tibet n'est pas du tout un petit pays. Son territoire historique est même immense. Quoi qu'il en soit, ce conflit n'aurait jamais eu le même retentissement international sans la personnalité exceptionnelle de son chef politico-religieux : Richard Gere[1].

La paix (ré)incarnée

Le quatorzième dalaï-lama, Tenzin Gyatso, a été reconnu à l'âge de deux ans comme la réincarnation du treizième dalaï-lama. L'oracle officiel du Tibet a recommandé son intronisation en tant que chef spirituel des Tibétains en 1950 à l'âge de quinze ans. Selon la tradition, il est une émanation du Bouddha de la compassion. Réfugié en Inde depuis 1959, il y a fondé le gouvernement tibétain en exil. Il milite pacifiquement pour l'autonomie du Tibet. Il a reçu le prix Nobel de la paix en 1989. En 2011, il a annoncé sa retraite politique sachant que son gouvernement avait élu un premier ministre dès 2001. En 2014, il a annoncé qu'il serait sans doute le dernier dalaï-lama. Signe que les temps changent, mais aussi pour empêcher Pékin de nommer son successeur. Les autorités chinoises se sont déjà chargées de désigner le numéro deux du Tibet : le panchen-lama. Et pour cela, ils n'ont pas hésité à enlever en 1995 celui qui avait été désigné par le dalaï-lama comme son bras droit, un petit garçon de six ans pour lequel une alerte enlèvement mondiale avait été lancée mais que le gouvernement chinois affirmait sobrement avoir

1. On plaisante, on parle du dalaï-lama.

mis en sécurité. Selon le président officiel de la région chinoise du Tibet, le jeune homme est retourné dans sa famille qui ne souhaite plus être dérangée. Tout est bien qui finit bien.

Mais les Chinois, ils sont bouddhistes alors ?

Niveau croyances, les Chinois sont super zarbis. Il faut dire que le parti communiste aux manettes est tout simplement contre les religions parce que Mao trouvait ça complètement con. Toute pratique religieuse a donc longtemps été interdite et réprimée. Mais les dirigeants ont fini par s'assouplir un peu pour deux raisons : maintenir des bonnes relations avec le petit peuple et fournir des attractions dépaysantes aux touristes. Dans les grandes villes, de nombreux temples chinois sont ainsi en réalité uniquement destinés à être visités par des gens en short.

Sur un territoire aussi vaste que la Chine, il y a pourtant évidemment de nombreux cultes. On parle d'une religion populaire, espèce de fourre-tout mythologico-animiste. En dehors de ce folklore, la pensée chinoise est fondée sur trois piliers : le bouddhisme – que vous venez de ne pas comprendre –, le taoïsme et le confucianisme. En général, les Chinois sont un peu des trois. Le taoïsme et le confucianisme sont plus ou moins considérés comme des religions. On parle ainsi souvent de philosophie taoïste et de morale confucianiste. Mais il y existe pourtant dans les deux cas une forme de culte.

Le **taoïsme** est basé sur trois textes fondateurs : le *Tao-te-King* de Lao-tseu, le *Traité du vide parfait* de Lie Tseu et le *Tchouang-tseu* de… Tchouang-tseu, qui contrairement à sa manière de choisir les titres, ne manquait pas d'imagination. C'est celui qui quatre siècles avant qui vous savez se demandait s'il avait rêvé qu'il était un papillon ou bien s'il était un papillon qui rêvait qu'il était Tchouang-tseu… À moins que ce ne soit l'inverse. Vide absolu, humilité, amour de la nature, liberté, longues barbes et moustaches sont au programme. Le tout permettant le cas échéant de devenir immortel et de chevaucher les nuages. Le seul véritable crime des taoïstes est de nous avoir inondés avec ce foutu symbole du Yin et du Yang représentant le principe masculin-féminin et qui a fait la fortune de nombreux tatoueurs.

Le **confucianisme** est issu de l'enseignement de Confucius. Mais pourquoi ne dit-on pas confuciusanisme alors ? Sans doute parce que c'est trop dur à prononcer. Confucius a vécu de -551 à -479. Sa doctrine vise principalement à définir des règles permettant de vivre en société harmonieusement. Son influence en Asie est gigantesque. Comme Socrate, ce sont ses disciples qui ont retranscrit ses leçons. Notons qu'il faisait plus de deux mètres et que sa naissance a été annoncée par une licorne qui a vomi une tablette de jade. Les deux faits sont statistiquement assez rares.

Le **shintoïsme** n'a rien à voir avec ce chapitre puisqu'il s'agit d'une veille religion japonaise. Avec des milliers de dieux et de très jolis temples. C'est très sympa. Très couleur locale.

Les mots-clés qui donnent mal au crâne :

#IMPERMANENCE
#VACUITÉDELAVACUITÉ
#ÉQUANIMITÉ

Côté pratique

L'arhat au court-bouillon

L'arhat, d'une manière générale, désigne celui qui a atteint le plus haut niveau de sagesse et s'est libéré du monde. Il n'y a pas de notion d'enfer ou de paradis. Mais d'un côté le samsara et de l'autre le nirvana. Il existe trois voies pour atteindre l'illumination :

– La voie de l'auditeur, **shravaka**, qui permet d'atteindre l'éveil en suivant l'enseignement d'un Bouddha parfait. C'est une pratique tournée vers soi-même.

– La voie du Bouddha par lui-même, **pratyekabuddha**, est celle de ceux qui se retirent du monde et s'élèvent seuls.

– La voie du **Bodhisattva**, considérée comme la plus noble et la seule à même de permettre de devenir un Bouddha parfait. Un Bodhisattva fait le vœu de retarder son atteinte du nirvana pour aider l'humanité par compassion, en particulier en diffusant son savoir.

Choisir son véhicule

Le petit véhicule, **hīnayāna**, c'est le bouddhisme à l'ancienne. Aujourd'hui principalement représenté par l'école theravâda qui est implantée en Asie du sud-est, en particulier au Sri Lanka, en Birmanie, en Thaïlande, au Laos et au Cambodge. Il compte environ 150 millions d'adeptes. L'hīnayāna est à la base des autres courants. Sa spécificité est de proposer au pratiquant une voie moins exigeante pour atteindre le nirvana. La voie de l'auditeur. Son but est d'atteindre l'éveil en travaillant sur lui-même en suivant les leçons du Bouddha.

Le grand véhicule, **mahāyāna**, estime que la voie de l'auditeur, c'est du pipi de chat. Seuls ceux qui suivent la voie du Bodhisattva peuvent prétendre à l'éveil. Avec environ 300 millions de clients, c'est le véhicule le plus vendu. Le bouddhisme chān, chinois, et sa version japonaise, le zen, en font partie.

Le véhicule de diamant, **vajrayāna**. Celui qui promet de réaliser l'éveil le plus rapidement. C'est celui qu'on peut qualifier de plus religieux. Il incorpore de nombreux textes sacrés supplémentaires qu'on appelle les tantras, ainsi que de nombreuses pratiques rituelles comme les mantras, ces fameuses phrases répétées en boucle. Il a influencé l'ensemble du bouddhisme, mais c'est surtout la religion du Tibet et du Népal. Il compterait environ 50 millions de pratiquants.

Ça se médite

Comme évoqué dans notre présentation, la méditation est au cœur du bouddhisme. Cette pratique s'est largement démocratisée en Occident, souvent sans rapport avec la religion. Elle correspond uniquement au premier volet de la méditation *made in* bouddhisme : celle qui vise à atteindre la sérénité. L'autre aspect, moins connu, a pour but la sagesse et l'éveil. Les méditants se concentrent alors sur la compréhension du fonctionnement du monde afin d'en acquérir une connaissance parfaite.

Le cerveau méditatif intéresse beaucoup les neuroscientifiques. Dans une approche beaucoup plus terre à terre que celle des Asiatiques, de nombreuses expériences sont menées et tendent à prouver que la méditation améliore le fonctionnement du cerveau.

Karma police

Non le karma n'est pas un compte ouvert à la banque des bonnes et des mauvaises actions. C'est là encore une vision simpliste. Le karma désigne le produit des actions dans le monde. On ne peut pas vraiment parler de bon ou de mauvais karma. Tant qu'on n'a pas vaincu l'illusion du samsara, on produit du karma. Les Bodhisattvas sont les seuls êtres de notre monde qui n'en génèrent plus.

Mais du coup, je vais bien me réincarner, on est d'accord ?

Bon, visiblement, vous n'avez pas tout compris. Le but, c'est justement d'arrêter de se réincarner, c'est pas de se retrouver dans les baskets d'un riche homme d'affaires avec une femme top-modèle. Le concept de réincarnation dans le bouddhisme est une fois de plus, plus subtil. Il vaut d'ailleurs mieux parler de renaissance car, selon la formule traditionnelle, celui qui renaît n'est « ni le même, ni un autre ». Reprenez une aspirine.

Soupe Miso

Les bouddhistes sont des sacrés misogynes ! Bouddha lui-même était un gros phallocrate. Il a d'abord refusé l'entrée dans la Sangha de sa tante et mère adoptive. C'est grâce à son cousin et gros chouchou Ananda qu'il a fini par accepter, tout en annonçant qu'à cause des femmes, le bouddhisme déclinerait pendant cinq siècles... Les nonnes bouddhistes ont ainsi hérité de conditions de vie très difficiles. Enfin, voici un extrait du livre *Comme la lumière avec la flamme*, éditions du Rocher, 1997, qui est une retranscription officielle de leçons rapportées par le dalaï-lama *himself*. Il s'agit des recommandations faites par un ancien moine à un roi : « L'attirance pour une femme vient surtout de la pensée que son corps est pur, mais il n'y a rien de pur dans le corps d'une femme. La bouche est un réceptacle de salive infecte et de saleté entre les dents, le nez est plein de fluide, de morve et de mucus, les yeux ont leurs larmes et leurs propres souillures. Le corps est un récipient empli d'excréments, d'urine et de viscères, celui dont la vision est obscurcie ne voit pas une femme ainsi et désire son corps. De même qu'un vase décoré rempli d'ordures peut plaire aux idiots, de même, l'ignorant, l'insensé et le mondain désirent les femmes. Si le monde est fort attaché au corps nauséabond dont la puanteur devrait le détourner, comment peut-il être libéré du désir ? De même que les porcs sont avides d'une source d'excréments, d'urine et de vomissure ; de même, les hommes lubriques désirent une source d'excréments, d'urine et de vomissure. »

Eh oui, le Cap d'Agde, les soirées masques, le SM, et globalement tout ce qui se situe entre les jambes, c'est terminé. Et en passant, ça veut quand même dire que le dalaï-lama est puceau.

Quelqu'un veut du riz ?

Le végétarisme n'est pas toujours obligatoire mais chaudement recommandé. Quoi qu'il en soit, il est interdit de tuer un être vivant. Surtout, la seule forme de nourriture autorisée est celle qui vient satisfaire le besoin naturel du corps. Il n'est pas question de reprendre deux fois des profiteroles, sauf si vous êtes mort de faim et que c'est la seule nourriture qui vous est proposée. Ce qui est quasi impossible. Il faudrait un congélateur et un pâtissier sur une île déserte. Et encore vous faudrait-il le brancher. Le congélateur, pas le pâtissier. Enfin, ça dépend.

Le mot de la fin

Y en a pas. Enfin, le mot de la fin, c'est pas. Pas pas comme « un petit pas pour l'homme », non, non, pas comme le pas de « c'est pas la mer à boire », « c'est pas le Pérou » ou « c'est pas Dieu possible ». Le Bouddha n'existe pas, ces pages n'existent pas, ce livre n'existe pas, vous ne l'avez pas acheté, votre conjoint n'est pas si moche, vous n'êtes pas endetté, votre belle-mère n'est pas un cube dont l'arête mesure 1 m 50, vos enfants ne sont pas si stupides, vous n'êtes pas malheureux, vous n'êtes pas heureux non plus et surtout, vous n'êtes pas drôle. Mais tout ça, on le savait. Enfin, on savait qu'on le savait pas et on savait pas qu'on le savait. C'est pas pareil.

Le judaïsme : c'est de l'hébreu

« Si Dieu existe,
j'espère qu'il a une bonne excuse. »

Woody ALLEN

Il était une foi

L'échelle de Jacob

14 millions ! Ce n'est pas seulement le chiffre de ventes de ce livre à partir duquel nous aurons remboursé la généreuse avance consentie par notre éditrice, c'est aussi le nombre de juifs sur notre terre. 0,2 % de la population mondiale. Un grain de semoule du couscous royal divin. Et à la louche, 45 % des juifs sont en Israël, 45 % aux USA et 10 % un peu partout. Alors là, même si vous ne l'avouerez jamais faute de courage, on sait ce que vous êtes en train de vous dire. « Mais qu'est-ce que c'est que cette histoire ? Dès que j'allume ma télé, je vois des juifs

partout, en France il y en a beaucoup plus. » Votre intuition est décidément stupéfiante, la communauté juive représente 310 000 citoyens soit à peu près 0,5 % des Français.

Qui est juif ?

Bonne question. Comme vous l'avez sans doute déjà entendu, être juif c'est d'abord appartenir à un peuple plus qu'à une religion. Quant à la question « qui est juif ? », il faudrait plutôt se demander « qui est juif selon qui ? ». Les conditions d'admission peuvent en effet assez largement varier selon que vous êtes rabbin orthodoxe ou un sale antisémite. Des règles ont cependant dû être définies pour clarifier les conditions de la célèbre loi du retour, qui autorise tout juif et sa famille à émigrer vers Israël. Cela donne lieu à une série de débats incessants dans toute la société israélienne, des élus aux rabbins. L'article 4.B de la loi actuellement en vigueur dit : « Pour les besoins de cette loi, "un juif" désigne une personne née d'une mère juive ou convertie au judaïsme et qui n'est pas membre d'une autre religion. » Autrement dit, aux yeux de la loi de l'État d'Israël, si votre mère est juive, que vous soyez croyant ou non, vous êtes juif même si vous êtes athée dans la pratique. Si vous avez été converti, vous êtes juif sauf si vous pratiquez aujourd'hui une autre religion.

Pour les religieux, il est quasi impossible de se « dé-juifiser ». Une fois que vous êtes dans le club, la carte de membre est valable à vie. Même si vous mangez de la rosette en jouant au poker en ligne le jour du chabbat.

Bande d'antisélytes

Ne voyez pas le mal partout. C'est sans arrière-pensée que, par opposition avec le prosélytisme, nous venons d'inventer le mot antisélytisme. Contrairement aux chrétiens, aux musulmans et aux bouddhistes, qui sont toujours à l'affût d'une petite conversion, les juifs, eux, comme les hindouistes d'ailleurs, ne chercheront jamais à vous embrigader.

C'est pour ça qu'ils sont si peu nombreux ?

Ça et la Shoah, quand même. Certes, vous avez quitté l'école assez tôt – non pas faute de capacités, mais car le système éducatif n'était pas adapté selon votre mère – toutefois, ça doit quand même vous dire quelque chose. La Seconde Guerre mondiale et le plan d'Adolf de tous les exterminer. 40 % des juifs de l'époque ont disparu. La population juive vient à peine de revenir au même niveau. Un génocide industriel. Celui qui nous a amenés à parler de « crime contre l'humanité ».

C'est quoi le concept ?

Et c'est la même chanson

Les trois religions abrahamiques croient donc au même Dieu unique – avec la spécificité de la Trinité pour les amis de Jésus. Et comme nous vous l'avons expliqué, les chrétiens et les juifs partagent même une partie de leurs textes sacrés et donc de leurs croyances. C'est ce qu'on appelle communément l'**Ancien Testament**, la première partie de la Bible chrétienne même si l'agencement change et que quelques textes varient. Toutefois, cette appellation n'est pas très casher. Vous imaginez si les juifs appelaient le Nouveau Testament, le Jeune Testament ? Ça serait moyennement cool pour les chrétiens. Pour être poli, il vaut mieux dire **Premier Testament**, ou bien **Bible hébraïque**, ou encore utiliser le terme hébreu de **Tanakh**. Vous avez souvent entendu parler de la **Torah**. La Torah est le premier livre du Tanakh. Écrite par Moïse en personne. Par extension, on appelle souvent le Tanakh, la Torah.

Torah et à travers

Vous aimez *Game of Thrones* ? Vous allez adorer la Torah ! L'histoire d'un Dieu créateur de l'univers, tout-puissant et franchement soupe au lait, peut-être même un peu bipolaire, voire pervers narcissique, mais bon… Dieu, version juive, est un sacré personnage ! Un être imprévisible qui intervient directement dans l'histoire, hésite, change d'avis et pique parfois une bonne grosse colère. Nous y reviendrons plus tard, mais le Dieu des juifs n'est pas vraiment aussi *peace and love* que le Dieu chrétien et loin d'être parfait comme celui des musulmans. C'est la grande spécificité de la foi juive.

La Torah, c'est aussi l'histoire d'une seule et même famille à travers des milliers d'années d'aventures, de guerres et d'exodes. Oui, car les juifs sont les descendants d'une lignée qui part d'Adam, ce qui est un peu logique vu que c'est le premier homme, et passe par Noé et Moïse. On appelle cette lignée celle des **patriarches**, même si, au sens strict, les patriarches sont Abraham, son fils Isaac et son petit-fils Jacob. Des bonhommes, des darons, quoi.

L'incroyable histoire des patriarches

Après eux le déluge

En ces temps antédiluviens – pour une fois qu'on peut utiliser cette expression à bon escient –, l'humanité part vite en sucette, à commencer par les deux premiers fils d'Adam. **Caïn** va zigouiller son petit frère **Abel**. Pourquoi ? Tout simplement parce que les deux frères ont voulu faire une offrande au grand manitou et que celui-ci a bien fait comprendre qu'il préférait le cadeau d'Abel. Genre comme à Noël quand t'offres un truc à ta mère, qu'elle le regarde avec mépris, « Ah, ouais, merci », et qu'elle l'échange le lendemain. Le tout provoque chez Caïn une grosse crise de jalousie et entraîne donc le premier homicide prémédité de tous les temps. Dieu, magnanime comme d'hab', accorde un troisième fils à Ève : **Seth**, l'arrière-arrière-arrière-arrière-arrière-arrière-arrière-grand-père d'un certain Noé. Notons que les patriarches vivent en général autour de 900 ans. Le plus vieux étant **Mathusalem**, 969 ans au compteur, d'où l'expression « mamie est vieille comme Mathusalem, elle sent comme des toilettes d'autoroute un 15 août » – la seconde partie de l'expression est facultative. Et encore, le pauvre vieux aurait pu faire mieux s'il n'avait pas été volontairement noyé par le *big boss*.

Dieu l'a mauvaise

Le secret médical aujourd'hui levé, nous pouvons donc vous révéler qu'à cette époque, Dieu fait un sévère *baby blues*. Même s'Il ne veut pas trop le dire, sans doute par fierté, Dieu a eu du mal à avaler la dragée de l'autre pomme d'Adam – retrouvez l'explication de tous les jeux de mots de ce livre uniquement dans l'édition luxe numérotée et signée, disponible sur commande pour 999 666 dollars. Alors là, quand Il se rend compte que les hommes aiment principalement se mettre des coups de poing et partouzer, Il perd foi en l'humanité et décide de balancer bébé avec l'eau du bain. Un bon coup de Kärcher à l'eau bénite pour supprimer tous les êtres vivants de la Terre. « Et Yahvé[1] dit : "Je vais effacer de la surface du sol les hommes que j'ai créés – et avec les hommes, les bestiaux, les bestioles et les oiseaux du ciel –, car je me repens de les avoir

1. Dans la Bible de Jérusalem, Dieu s'appelle Yahvé, ce qui est une tentative de traduction d'un terme intraduisible et qui la plupart du temps veut dire « L'Éternel » (voir page 186).

faits." » (Genèse 6:7.) Même les oiseaux, sérieux ? Il est très fâché quand même. L'histoire aurait dû s'arrêter là mais heureusement pour nous, quelqu'un a tapé dans l'œil du patron.

Noé, Noé, capitaine pas abandonné

Le gros chouchou de base. Celui qui attend cinq secondes avant de lever la main en classe pour que la maîtresse voie bien que personne ne sait répondre à part lui. Dieu, Il kiffe trop **Noé**. Il va même créer le premier tuto bricolage de l'univers : comment construire son arche. « Voici comment tu la feras : 300 coudées[1] pour la longueur de l'arche, 50 coudées pour sa largeur, 30 coudées pour sa hauteur. Tu feras à l'arche un toit et tu l'achèveras une coudée plus haut, tu placeras l'entrée de l'arche sur le côté et tu feras un premier, un second et un troisième étages. » (Genèse 6:15-16.) Une porte et un toit, basta. C'est pas un loft design, les gars, Dieu n'est pas feng shui, Il n'est pas passionné de déco, Il n'achète pas de bougies senteur, Il ne colle pas de stickers représentant Manhattan sur les murs.

C'est pas l'homme qui prend la mer

Tin, tin, tin… Noé a 600 ans quand le taux d'humidité atteint les 16 000 %. Sur les conseils avisés (délit d'initié ?) du Tout-Puissant, il se réfugie

1. Pour info, une coudée c'est 50 centimètres, donc l'arche faisait juste 150 mètres de long. Un sacré yacht.

dans l'arche avec sa femme, ses trois fils, et les femmes de ses fils. Sans oublier un couple – ou sept couples, le texte est contradictoire – de toutes les espèces animales de la création. Nous, on aurait « oublié » les rats, les pigeons et les petits chiens énervants, mais bon, nous ne sommes pas des saints… Tout ce qui n'est pas dans l'arche disparaît de la surface de la Terre. Le déluge va durer quarante jours et la crue cent cinquante. Il va encore falloir attendre des mois avant que le patron donne son *go* pour revenir sur la terre ferme.

On passe l'éponge ! ?

Dieu dit un truc à Noé qu'on pourrait traduire par : « Allez, je suis désolé, j'y suis peut-être allé un peu fort avec cette histoire de déluge… On remet les compteurs à zéro ? » Noé n'est pas sentimental et la perte de tout le reste de la création, il s'en tamponne un peu. Il décide donc d'oublier toute cette triste affaire. Dieu arrête de bouder et pour se rabibocher, Il établit en grande pompe la première alliance entre Lui et les hommes. Et pour conclure l'affaire, Il crée un joli arc-en-ciel. Genre Dieu, Il a cinq ans en fait, quand Il est content, Il dessine un arc-en-ciel. La prochaine fois, Il gribouillera peut-être un poney ou une licorne ? Euphorique, Il invite l'humanité et toutes les créatures à se reproduire et pulluler. Les trois fils de Noé, **Sem, Cham et Japhet**, sont les ancêtres de l'ensemble de la population actuelle. Ce sont eux qui vont (re)peupler la planète et Noé est donc **le nouvel Adam**.

Tout nu et tout bourré

Voilà une bonne histoire de famille bizarre comme on les aime. Du genre qui met tout le monde bien mal à l'aise. D'après vous, quel est un des premiers trucs que fait Noé pour fêter le renouveau de l'humanité ? Il cultive des vignes et invente le pinard pardi ! Évidemment. Et pour fêter ça, Noé décide de bien se déchirer la tête. Mais pas à moitié, il se prend la cuite du millénaire. *Le Petit bonhomme en mousse*, *Tournez les serviettes* et compagnie… Le voilà à poil dans sa tente en train de cuver. Chapeau le patriarche ! Moment gênant. Et son fils Cham tombe nez à zob avec le plus vieux poivrot de l'humanité. Cham court avertir ses deux frères, Sem et Japhet, qui, en détournant le regard et en marchant à reculons, vont couvrir le vieux avec un manteau. À son réveil, avec la première gueule de bois de l'histoire, Noé est de mauvais poil. En apprenant que Cham a vu son « petit Jésus », il pète les plombs. Et il décide de maudire… Canaan, le fils de Cham. « Et il dit : « Maudit soit Canaan ! Qu'il soit pour ses frères le dernier des esclaves ! » (Genèse 9:25) Cet épisode absolument incompréhensible de bamboula qui dérape a pourtant suscité un nombre infini d'interprétations et de débats. Preuve que s'il y a bien une chose inépuisable sur cette Terre, c'est le temps à perdre. Parabole autour du manque de respect des fils pour leurs pères, texte édulcoré qui cacherait en réalité le viol ou la tentative de viol de Noé par Canaan (?!), ou bien sa castration… certains ont même réussi à en déduire que ces versets justifiaient l'esclavage en prétendant que Canaan avait la peau noire. Nous, on pense que certains secrets de famille doivent rester dans les placards. Un peu de dignité, que diable.

Si vous disposez d'informations concernant le type avec une pelle, merci de contacter notre éditrice.

(*L'Ivresse de Noé*, par Michel Ange, 1509, voûte de la chapelle Sixtine.)

Elle est Babel la vie ?

Cette nouvelle humanité décide de rester soudée au sein d'une seule ville. Les hommes parlent alors tous la même langue. Histoire de bien se la péter, ils décident d'ériger un gratte-ciel : « Ils dirent : "Allons ! Bâtissons-nous une ville et une tour dont le sommet pénètre les cieux ! Faisons-nous un nom et ne soyons pas dispersés sur toute la terre !" » (Genèse 11:4.)

Cette histoire de tour qui touche le ciel n'est pas vue d'un très bon œil par l'Éternel. Dieu décide d'intervenir, sans buter tout le monde cette fois, en faisant en sorte que les différents peuples ne se comprennent plus. « Aussi la nomma-t-on Babel, car c'est là que Yahvé confondit le langage de tous les habitants de la terre et c'est de là qu'il les dispersa sur toute la face de la terre. » (Genèse, 11:9.) On peut interpréter cet épisode de deux manières opposées : un vibrant plaidoyer pour la diversité humaine ou bien une petite crise d'autorité du patron… C'est au choix. Sautons dix générations depuis Noé et un peu plus de quatre cents ans pour aller à la rencontre d'**Abraham**. Le premier hébreu, le père du monothéisme et le giga-souffre-douleur du *big boss*.

Abraham-cadabrantesque

« Yahvé dit à Abram : "Quitte ton pays, ta parenté et la maison de ton père, pour le pays que je t'indiquerai. Je ferai de toi un grand peuple, je te bénirai, je magnifierai ton nom ; sois une bénédiction !" » (Genèse 12:1-2.) En résumé : dégage. Notez qu'à soixante-quinze ans, Abraham s'appelle encore Abram. On va vous expliquer. Donc, conformément aux ordres du Supra-P.-D.G. de tout, Abram déménage de son bled vers le pays de Canaan. Canaan du nom du petit-fils maudit de Noé et qui correspond aujourd'hui au territoire d'Israël et à une partie du Liban, de la Jordanie et de la Syrie. Sans vouloir vous spoiler, cette région va avoir une certaine importance par la suite. Il embarque sa femme Saraï, son neveu Loth, toutes ses économies et tous ses serviteurs. Yallah ! Sur place, l'agent immobilier tout-puissant lui rend une petite visite pour préciser qu'Il compte lui filer les clés de ce pays, à lui et à sa descendance. Abram, séduit par le *deal*, construit deux autels en l'honneur de l'Éternel. C'est alors qu'une famine l'oblige à se rendre en Égypte.

Trop bonne

Eh oui, la femme d'Abram, Saraï est juste trop bonne. Le genre de meuf, tu la sors en boîte, c'est la baston assurée. Du coup, Abram a une riche idée en arrivant en Égypte. « Dis, je te prie, que tu es ma sœur, pour qu'on me traite bien à cause de toi et qu'on me laisse en vie par égard pour toi. » (Genèse 12:13.) Pas con ! Signalons au passage que Saraï est stérile et qu'elle est effectivement la demi-sœur d'Abram. Et ça, ce n'est rien, l'inceste est monnaie courante dans la Bible – voir l'épisode des filles de Loth un peu plus loin. Le problème, c'est que, du coup, le pharaon décide de la pécho. Et pour remercier Abram du bon plan, il lui offre plein de cadeaux. Heureusement, Dieu n'est jamais très loin et Il s'en prend au pharaon et à sa famille. Abram finit par passer aux aveux. Il est chassé avec sa femme, mais le pharaon lui laisse emporter tous ses biens. Si on avait l'esprit mal tourné, on pourrait voir en ce bon vieux Abram un menteur incestueux proxénète qui met sa femme-demi-sœur sur le trottoir de la pyramide pour pas avoir à bosser… Mais ce serait une vision bien terre à terre, non ? En tout cas, il y a prescription.

Des promesses, toujours des promesses…

À travers une vision, Dieu promet de nouveau à Abram monts et merveilles. Surtout, Il lui promet ce qu'il désire le plus au monde : un héritier. Pour sceller cette alliance renouvelée, Dieu dit à Abram : « Va me chercher une génisse de trois ans, une chèvre de trois ans, un bélier de trois ans, une tourterelle et un pigeonneau. » (Genèse 15:9.) Cent balles et un Mars ? Et Abram coupe toutes les bestioles en deux, sauf les oiseaux. Le soir, il flippe un peu quand même et Dieu en profite pour lui prédire que ses descendants, le peuple hébreu, seront réduits en esclavage pendant quatre cents ans loin de leur terre. Sympa le patron, réconfortant.

Mais de quoi Ismaël ?

La femme d'Abram, sa demi-sœur ultra sexy stérile, Saraï, a une super idée : une mère porteuse ! Abram n'a qu'à se taper Agar, la servante égyptienne de Saraï. Aussitôt dit, aussitôt fait. Cendrillon se retrouve en cloque. Mais voilà qu'elle se prend rapidement pour une autre. Vas-y que je débarrasse plus la table et que je rince plus la baignoire. Du coup, Saraï commence à lui crêper le chignon, au point qu'Agar, enceinte, s'enfuit dans le désert. Elle est rattrapée par un ange qui lui suggère fortement de retourner fissa auprès de Saraï en faisant profil bas et d'appeler son fils Ismaël. Et puis elle n'a pas à s'en faire pour le petit puisque, texto : « Celui-là sera un onagre [1] d'homme. » (Genèse 16:12.) À quatre-vingt-six ans, Abram devient donc papa du petit Ismaël et du peuple arabe, au passage.

Des idées du feu de Dieu

Qu'est-ce qui s'est passé exactement dans la tête du Tout-Puissant ? Nous l'ignorons, mais Dieu apparaît une nouvelle fois à ce pauvre Abram, quatre-vingt-dix-neuf piges quand même. Le Seigneur lui livre tout un tas de trucs auxquels il a pensé. D'abord, il ne s'appellera plus Abram mais Abraham. C'est peut-être un détail pour vous, mais pour Lui, ça veut dire beaucoup. En hébreu Abraham signifie « père de multiples nations ». Dieu lui ressert aussi l'histoire du pays de Canaan qui lui est promis mais surtout, Il a pensé à un truc vraiment tip top qu'on ne saurait refuser : pour fêter leur alliance, le mieux serait que tous les petits Hébreux aient le bout du zizi coupé. Mais oui, bien sûr. Se couper le prépuce, c'est trop cool. Et le mieux, ce serait que tout le monde soit circoncis le huitième jour. Ben voyons. Ah oui, au fait : Saraï s'appellera désormais Sara et elle va lui donner un fils. Là, Abraham rigole un peu, Saraï – pardon, Sara – a quand même quatre-vingt-dix ans et puis Abraham se permet gentiment de rappeler au Tout-Puissant qu'il a déjà un héritier qui

1. Espèce d'âne ! Non pas vous, l'onagre est une espèce d'âne sauvage.

s'appelle Ismaël. Mais Dieu lui dit de laisser faire. Il a tout prévu. Le nouveau fils s'appellera Isaac et puis l'autre, Ismaël, il a dit qu'Il s'en occupait. Ça roule, quoi. Et là-dessus, Dieu se taille en volant. C'est parti, Abraham fait circoncire tous les mâles de son foyer. Et lui-même se sépare de son petit chapeau à l'âge de quatre-vingt-dix-neuf ans. Un record qui tient toujours.

Il ne rigole pas

La future naissance d'Isaac est ensuite confirmée par trois types qui se pointent devant la tente du patriarche. Abraham, qui sait recevoir, file promptement vers la tente de Sara « Prends vite trois boisseaux de farine, de fleur de farine, pétris et fais des galettes. » (Genèse 18:6.) Quelle bonne pâte quand même. Les trois bonshommes sont en réalité une incarnation divine.

Dans la discussion, Dieu est un peu lourd avec son histoire de grossesse à plus de quatre-vingt-dix piges et Sara ne peut s'empêcher de pouffer. « Donc, Sara rit en elle-même, se disant : "Maintenant que je suis usée, je connaîtrai le plaisir !" » (Genèse 18:12.) Un conseil, même intérieurement, faut pas se payer la tête du Tout-Puissant. « Sara démentit : "Je n'ai pas ri", dit-elle car elle avait peur, mais Il répliqua : "Si, tu as ri." » (Genèse 18:15.) T'as compris ? Je sais que t'as ri ! Gros malaise.

Il veut se faire Sodome

Au moment de plier bagage, Dieu est un peu embêté. Il a un petit truc à avouer à Abraham et il ne sait pas trop par où commencer. « Yahvé s'était dit : “Vais-je cacher à Abraham ce que je vais faire ?” » (Genèse 18:17.) Et l'Éternel lâche le morceau. Il compte encore trucider plein de gens. En l'occurrence tous les habitants de Sodome et Gomorrhe qui sont des bons gros partouzeurs bisexuels fétichistes. Là, Abraham, qui se sent pousser des ailes, tente d'amadouer le grand chef en lui faisant remarquer qu'il y a peut-être 50 justes parmi les habitants. « Yahvé répondit : “Si je trouve à Sodome 50 justes dans la ville, je pardonnerai à toute la cité à cause d'eux.” » (Genèse 18:26.) S'ensuit une hallucinante négociation entre le patriarche et le Tout-Puissant. Un marchandage qui va faire passer le nombre de justes à partir duquel Dieu ne balancera pas de boules de feu de 50 à 45 puis 40 puis 30 puis 20 et enfin 10. Si Abraham pensait avoir bien joué le coup, c'était sous-estimer la libido des habitants de Sodome…

Tentative de viol en réunion sur deux anges

Oui, oui, vous avez bien lu. Dieu envoie donc deux anges éclaireurs à Sodome. Loth les intercepte et essaie de les garder chez lui, tranquilles. D'après nos informations, il leur tint à peu près ce langage : « Non, la ville, c'est nul, c'est très moderne, y a rien à visiter, restez à la maison, je vais vous faire ma spécialité : le fist-fucking, euh pardon, je voulais dire un bon pudding. » Mais les habitants de Sodome débarquent et exigent de se taper les deux anges. La tradition, chez eux, c'est en effet de violer tout le monde en gang-bang, c'est tout. Chacun ses coutumes, certes, mais là, avouez qu'avec les deux inspecteurs sanitaires de l'Éternel planqués dans la cuisine, le moment est mal choisi. Loth se fait un peu chicoter par une bande d'échangistes particulièrement véhéments alors il joue son va-tout. « Écoutez : j'ai deux filles qui sont encore vierges, je vais vous les amener : faites-leur ce qui vous semble bon, mais, pour ces hommes, ne leur faites rien, puisqu'ils sont entrés sous l'ombre de mon toit. » (Genèse 19:8.) Bien tenté, d'autant que les deux vierges en question sont des grosses coquines comme vous le verrez après. Malheureusement, quand les habitants de Sodome ont une idée dans le slop, ils ne l'ont pas ailleurs. Ils veulent attraper les deux anges en tournante et c'est non négociable. La messe est dite. Les deux zélés ailés décident qu'il est temps de passer aux choses sérieuses. Ils rendent les agresseurs aveugles. Histoire de les calmer. Et ils sauvent Loth, sa femme et ses deux filles en les menant hors de la ville. Dieu se parfume alors au Napalm et crame toute la bande en mode Godzilla.

Filles de joie

Mais attention, les anges, qui ont sans doute entendu parler d'Orphée, avertissent Loth qu'il lui est interdit de se retourner en s'échappant. Comme toujours depuis Ève, les femmes sont incapables de suivre une directive, aussi simple soit-elle. Celle de Loth regarde donc sans surprise vers Sodome et se retrouve changée en statue de sel. Ce qui peut être pratique quand on fait chauffer l'eau des pâtes, mais pas vraiment dans le cadre d'une fuite éperdue. Loth se réfugie avec ses deux filles dans une grotte sur une montagne. L'aînée s'inquiète alors avec perspicacité du manque flagrant d'hommes dans cette caverne et trouve une solution radicale : « Viens, faisons boire du vin à notre père et couchons avec lui ; ainsi, de notre père, nous susciterons une descendance. » (Genèse 19:32.) Ivre mort, Loth ne se rend compte de rien et ses deux filles tombent enceintes. L'histoire ne dit pas si, du coup, il se faisait appeler papy ou papa… Notons qu'au-delà d'une belle leçon de piété filiale, cet épisode a permis à Musset de mettre une bonne tannée à Victor Hugo dans un concours de poésie dont le prix était l'amour de George Sand. Le défi ? Écrire le poème le plus obscène. Hugo composa une vibrante *Ode à la Merde* et Musset l'emporta avec *Les Filles de Loth*. Nous ne résistons pas au plaisir de vous en copier-coller les derniers vers :

Elle chatouille alors les couilles du taureau,
Prend l'arme tout à coup et la met au fourreau.

Entre ses blanches mains, saisit la vieille épée
Pour la faire entrer plus grosse et mieux trempée.
Enfin elle se pâme, laisse tomber ses bras,
Le sceptre paternel inondant ses appas.
« Gloire à Dieu » se dit-elle, « à présent j'ai conçu. »
Loth, en se réveillant n'avait rien vu, ni su.

C'est beau la poésie, bordel.

Grossesse tardive

Abraham refait le coup de « c'est pas ma femme, c'est ma sœur » avec un autre roi du coin, un certain Abimélek. Rebelote, le gars veut mettre Sara dans son plumard. Dieu maudit Abimélek en rendant tous ses proches malades et stériles. Ça calme. Du coup, le roi rend fissa sa femme à Abraham. Le grand manitou guérit tout le monde, Abimélek donne de la tune à Abraham et lui dit de faire comme chez lui et tout est bien qui finit bien. Abraham va faire pas mal de business avec ce Abimélek malgré deux, trois embrouilles. Chose promise, chose due, Sara tombe enfin enceinte et donne naissance à Isaac alors qu'Abraham a cent ans. Circoncision et fiesta.

Un fauteuil pour Dieu

Mais Sara, voyant rire Ismaël, le demi-frère de son fils, pense qu'il se paie sa pomme d'avoir un bébé à son âge « et elle dit à Abraham : "Chasse cette servante et son fils, il ne faut pas que le fils de cette servante hérite avec mon fils Isaac." » (Genèse

21:10.) Abraham, qui est un bon gars, n'a pas du tout envie de se séparer de son premier fils. Mais l'Éternel rassure le patriarche et lui dit de mettre Agar et Ismaël à la rue – pardon – dans le désert. Abraham s'exécute. La servante et son fils se retrouvent perdus, mais Dieu intervient en envoyant un ange et les sauve en faisant apparaître un puits.

Un barbecue divin

« Dieu dit : "Prends ton fils, ton unique, que tu chéris, Isaac, et va-t'en au pays de Moriyya, et là tu l'offriras en holocauste sur une montagne que je t'indiquerai." » (Genèse 22:2.) Alors, qu'est-ce qu'un holocauste ? Non, ce n'est pas une compagnie aérienne à bas prix, ça c'est le *low cost.* Vous avez déjà entendu le mot holocauste pour désigner l'extermination des juifs par les nazis. Mais c'est en réalité un contresens. En effet, dans la tradition juive, un holocauste désigne le sacrifice par le feu d'un animal à Dieu. C'est par extension et abus de langage que le terme holocauste a été utilisé dès le XIXe siècle pour désigner le massacre d'une minorité. On lui préfère aujourd'hui le terme hébreu de Shoah, qui se traduit par anéantissement ou catastrophe.

Donc, l'Éternel veut qu'Abraham lui offre Isaac en holocauste. Qu'il passe son fils au grill pour Lui faire plaisir. Et pourquoi pas ? C'est qui le patron, d'abord ? Le patriarche, sans sourciller, se rend au point de rendez-vous fixé par le Tout-Puissant.

Isaac : Papa, j'ai mal au dos.
(*Le Sacrifice d'Isaac,* par Caravage, vers 1598.)

Isaac a quand même un petit doute : « "Mais où est l'agneau pour l'holocauste ?" Abraham répondit : "C'est Dieu qui pourvoira à l'agneau pour l'holocauste, mon fils" » (Genèse 22:7-8) Après avoir attaché son fils sur l'autel, Abraham sort son couteau et s'apprête à l'égorger. Heureusement, un ange intervient, lui révèle que c'était juste un test et qu'il l'a passé avec brio. « L'Ange dit : "N'étends pas la main contre l'enfant ! Ne lui fais aucun mal ! Je sais maintenant que tu crains Dieu : tu ne m'as pas refusé ton fils, ton unique." » (Genèse 22:12) Et Abraham échange son fils avec un bélier qui, manque de peau pour lui, passait dans le coin. Cet épisode est une des clés de voûte de la foi juive. Ce récit pourtant si court – 19 versets –

fascine les lecteurs et entraîne, là encore, des interprétations à l'infini : de la profession de foi ultime jusqu'au probable délire d'Abraham à qui Dieu n'aurait jamais pu demander un tel sacrifice... L'attitude d'Isaac est aussi troublante. Celui qui est vraisemblablement un tout jeune homme semble comprendre à demi-mot qu'il va y passer en demandant où se trouve l'agneau. Pourtant, avant et après cette fameuse question, le texte répète par deux fois : « Ils s'en allèrent tous deux ensemble. » (Genèse 22:6 et 22:8) Car Isaac est le successeur de son père, celui par qui l'alliance de Dieu va se transmettre, le deuxième patriarche.

Un mariage et deux enterrements

Sara meurt à l'âge de cent vingt-sept ans – cinq ans de plus que Jeanne Calment. Abraham l'enterre dans une grotte après une nouvelle négociation farfelue avec les gens du coin qu'il n'aime pas beaucoup : les Hittites.

Plus tard, Abraham, comblé par la vie, souhaite marier son fils Isaac. L'histoire ne dit pas si cela a un lien avec le simulacre d'exécution qu'il a subi, mais Isaac est beaucoup plus introverti que son papa. Abraham, qui est un peu raciste, ne veut pas d'une Cananéenne et demande à un de ses serviteurs d'aller trouver une femme parmi le peuple araméen dans sa patrie d'origine : la Mésopotamie. L'agent matrimonial d'Abraham utilise une méthode de sélection infaillible : « La jeune fille à qui je dirai : Incline donc ta cruche, que je boive et qui répondra : Bois et j'abreuverai aussi tes chameaux, ce sera celle que tu as destinée à ton serviteur Isaac. » (Genèse 24:14.) Cette jeune fille, c'est la jolie Rebecca qui accepte de suivre l'émissaire d'Abraham pour épouser Isaac, qui a quarante ans.

Après s'être remarié et avoir eu six autres fils, Abraham tire sa révérence à cent soixante-quinze ans. Il est enterré auprès de Sara par Isaac et Ismaël.

Jumeaux croisés

Comme à peu près toutes les femmes de patriarches, Rebecca est stérile. Isaac demande un petit coup de main au grand inséminateur qui résout le problème. Elle donne naissance à des jumeaux dans des circonstances, ma foi, assez remarquables : « Le premier sortit : il était roux et tout entier comme un manteau de poils ; on l'appela Esaü. Ensuite sortit son frère et sa main tenait le talon d'Esaü ; on l'appela Jacob. Isaac avait 60 ans à leur naissance. » (Genèse 25:25-26.)

Isaac aime bien Ésaü parce que c'est un manuel, plutôt bosseur, alors que Rebecca préfère son petit chéri Jacob, qui est plutôt une grosse feignasse qui se la coule douce. Jacob va blouser son frère deux fois. Il lui subtilise d'abord son droit d'aînesse en lui donnant en échange « du pain et du potage de lentilles » (Genèse 25:34). Pas très fute-fute Ésaü et pas très réglo Jacob… Et encore, il va faire plus fort avec la complicité de sa mère. Mais avant cela, Isaac va essayer de déménager pour cause de famine et le Très-Haut va lui dire que c'est une mauvaise idée, il va s'embrouiller avec le roi Abimélek en lui disant que Rebecca est sa sœur – encore ! –, il va aussi avoir des histoires autour d'un puits… Ésaü va épouser deux Hittites, ce qui ne va pas plaire à Isaac et encore moins à sa femme, puisqu'ils sont un peu racistes, eux aussi.

Pas vu, pas pris

Isaac vieillit, au point de devenir aveugle. Il veut donner sa bénédiction à son aîné. Il appelle donc Ésaü à son chevet. Mais avant de lui filer les clés du camion monothéiste, il lui explique qu'il a grave la dalle : « Apprête-moi un régal comme j'aime et apporte-le moi, que je mange, afin que mon âme te bénisse avant que je meure. » (Genèse 27:4.) Rebecca, qui a tout entendu, va imaginer pour Jacob une escroquerie digne d'un plombier appelé en urgence un dimanche soir. Vous vous souvenez qu'Ésaü ressemble, en gros, à un grand singe rouquin. Mais Rebecca avait tout prévu : « Avec la peau des chevreaux elle lui couvrit les bras et la partie lisse du cou. Puis elle mit le régal et le pain qu'elle avait apprêtés entre les mains de son fils Jacob. » (Genèse 27:16-17.) Abusé, Isaac bénit donc Jacob à la place de son frère. Et ce n'est pas une petite bénédiction qui vient de passer sous le nez d'Ésaü, c'est l'héritage d'Isaac et d'Abraham. Il y a quand même de quoi l'avoir mauvaise. « Ésaü conçut de la haine contre

Jacob, à cause de la bénédiction dont son père l'avait béni ; et Ésaü disait en son cœur : "Les jours du deuil de mon père vont approcher, et je tuerai Jacob, mon frère." » (Genèse 27:41.) Autrement dit : « Dès que le vieux claque, je me fais le petit chouchou façon Caïn. » Rebecca décide de mettre son fils adoré au vert chez son frère : Laban, l'oncle de Jacob.

L'arroseur arrosé

En chemin, Jacob fait un rêve. Une giga échelle au sommet de laquelle se trouve le Très-Haut, qui dans ce cas porte vachement bien son nom. Ce songe, c'est la fameuse échelle de Jacob. Vous verrez d'ailleurs que l'analyse des rêves a une grande importance dans la Bible hébraïque. L'alliance est renouvelée, Jacob héritera de la terre de Canaan et tout le tralala.

Jacob se pointe chez son oncle Laban et tombe sur Rachel, la fille de celui-ci, sa cousine germaine donc… Enfin, on n'en est plus à ça près. C'est le coup de foudre. Laban lui promet sa fille à condition qu'il accepte de bosser sept petites années pour lui. Ça vaut carrément le coup. Mais notre arnaqueur en exil est tombé sur plus filou que lui. Après sept ans de labeur, Laban a en effet, sous les habits de la mariée, remplacé la jolie Rachel par son aînée : la moins jolie Léa. La grosse arnaque, quoi. Laban accepte de donner aussi Rachel à Jacob, toujours contre quelques petits services : « Achève la semaine avec celle-ci, et nous te donnerons aussi l'autre pour le service que tu feras encore chez moi pendant sept nouvelles années. » (Genèse 29:27.) Autrement dit : « Tu te cognes un peu la vieille et après tu pourras te taper la bonnasse et puis comme je suis un mec sympa et que l'Éternel marche avec toi, tu vas rouler pour moi pendant sept piges. C'est un bon deal, non ? » Rappelons au passage que nous parlons toujours de cousins germains et d'un père qui case ses filles pour enrôler de force son neveu-arnaqueur-super-berger-car-béni-des-cieux… Notons aussi le sens de l'humour décalé de notre bien-aimé Créateur : « Yahvé vit que Léa n'était pas aimée et il la rendit féconde, tandis que Rachel demeurait stérile. » (Genèse 29:31.) Quel farceur.

Vous les femmes…

Léa et Rachel s'embrouillent tout le temps. Léa va donner six fils et une fille à Jacob. Par jalousie, Rachel offre sa servante comme concubine et celle-ci donne deux autres fils. Par jalousie de la servante offerte par Rachel par jalousie, Léa va offrir, à son tour, sa servante à Jacob. Logique. Et celle-ci lui donne encore deux fils. « Alors Dieu se souvint de Rachel, il l'exauça et la rendit féconde. » (Genèse 30:22.) Toujours une carte dans Sa manche, le Tout-Puissant. C'est ainsi que naît le petit Joseph. Le onzième fils de Jacob.

Courage, fuyons !

Après vingt ans de service, Jacob veut se tirer, mais son oncle fait bien traîner l'affaire pour ne pas perdre la poule aux œufs d'or. Il consent des petites augmentations, embobine le patriarche. Finalement, prenant son courage à deux mains, et peut-être aussi en entendant les fils de Laban dire qu'ils vont le zigouiller, Jacob détale avec sa famille et tous ses biens pour retourner chez papa Isaac. Comme un voleur, sans rien dire à personne. Trois jours plus tard, Laban se lance avec ses fils à la poursuite des fuyards avec la ferme intention de trucider Jacob. Dieu intervient pour prévenir Laban que ce ne serait pas une super idée de s'attaquer à Son pote. C'est pas une menace, non, non. C'est juste un ordre. Il y a bien une histoire d'objets précieux volés par Rachel qu'elle cache sous son derrière prétextant qu'elle ne peut se lever car elle a ses trucs de filles. Et Laban va, lui aussi, devoir s'asseoir dessus. Finalement, on construit un autel, on mange, on boit, on fait des sacrifices et tout le monde se réconcilie.

Le patriarche et son double

Jacob sait qu'Ésaü va lui tomber dessus en retournant chez lui. Il sait qu'il va falloir l'amadouer alors il lui envoie plein de cadeaux et le caresse dans le sens du… poil. Mais alors qu'il s'apprête à faire face à son frère le lendemain, Jacob se fait agresser en pleine nuit. S'ensuit une baston monumentale qui va durer jusqu'au petit matin. Dans la bagarre, Jacob se fait déboîter la hanche mais il ne lâche pas son adversaire. Cet adversaire mystérieux, souvent assimilé à un ange – même si le texte ne le précise pas –, c'est le grand patron *himself* qui a décidé de mettre les gants. « Il dit : "Lâche-moi, car l'aurore est levée", mais Jacob répondit : "Je ne te lâcherai pas, que tu ne m'aies béni." Il lui demanda : "Quel est ton nom ?", "Jacob", répondit-il. Il reprit : "On ne t'appellera plus Jacob, mais Israël, car tu as été fort contre Dieu et contre les hommes et tu l'as emporté." » (Genèse 32:27-29.) Eh oui, voilà donc la signification d'Israël. Le peuple d'Israël, ce sont les descendants de Jacob. Les douze tribus d'Israël, ce sont les douze familles fondées par les douze fils de Jacob/Israël. Douze fils ? Mais nous en étions restés à onze, non ? On y vient.

Évidemment, le lendemain, les deux frères se retrouvent, se pardonnent et se tombent dans les bras. Si on avait un cœur, on aurait envie de pleurer.

Vous reprendrez bien une petite histoire de viol pour la route ?

Retour au pays de Canaan. Israël n'a eu qu'une seule fille : Dinah, fille de Léa – c'est la moche fertile. Dinah se fait violer direct par le prince du coin, Sichem, qui en tombe ensuite amoureux. Le mec se pointe avec son daron, Hamor, pour négocier et proposer une alliance à la tribu d'Israël. Mais les onze frères l'ont un tout petit peu mauvaise, rapport à l'agression sexuelle sur leur sœur. Ils font quand même une proposition : « Nous ne vous donnerons notre consentement qu'à cette condition : c'est que vous deveniez comme nous et fassiez circoncire tous vos mâles. Alors nous vous donnerons nos filles et nous prendrons les vôtres pour nous, nous demeurerons avec vous et formerons un seul peuple. » (Genèse 34:15-16.) Marché conclu.

Tout le monde y passe. On rase *gratis*. Mais trois jours plus tard, alors que les hommes de la ville ont un tout petit peu mal là où vous savez, deux fils d'Israël, Simon et Lévi, en profitent pour massacrer tout le monde. « Les fils de Jacob assaillirent les blessés et pillèrent la ville, parce qu'on avait déshonoré leur sœur. » (Genèse 34:27.) Ouch… pas très cool. Jacob, qui a peur des représailles, est fou de rage mais ses fils, qui sont quand même des bonnes grosses racailles, lui répondent : « Devait-on traiter notre sœur comme une prostituée ? » (Genèse 34:31.) Vazy, ma reuss cé pa 1 tepu. Finalement le *big boss* les protège et empêche qu'on s'en prenne à eux. C'est quand même son pote et ses fils.

Rachel meurt en donnant naissance au douzième et dernier fils de Jacob : Benjamin – c'est pour ça que le plus jeune d'une fratrie est appelé le benjamin, que c'est bien d'apprendre en s'amusant. Et Isaac meurt à cent quatre-vingts ans, enterré par ses deux fils.

Joseph et le rêve égyptien

Joseph a la mauvaise idée d'être le petit chouchou de Jacob. « Israël aimait Joseph plus que tous ses autres enfants, car il était le fils de sa vieillesse, et il lui fit faire une tunique ornée. » (Genèse 37:3.) Et le voilà qui se pavane trop bien sapé. En plus Joseph fait des rêves dans lesquels, en gros, ses frères se prosternent devant lui. Du coup, ils décident de le buter. (Benjamin n'est pas de la partie.) Deux d'entre eux essaient de s'opposer à ce fratricide, Ruben, le plus jeune et Juda – non ce n'est pas le même, là il n'y a pas de « s » – propose de le vendre aux Ismaélites. C'est plus humain. Ils font croire à Jacob que son chouchou est mort et Joseph se retrouve esclave en Égypte.

Du cauchemar au rêve

Passons sur l'histoire autour de Juda. Dans les séries, on appelle ça un *filler*, un épisode qui n'a rien à voir avec l'intrigue principale et qu'on a envie de zapper. En gros, Dieu tue ses enfants parce qu'Il les aime pas – dont Onan qui s'astique aux quatre vents –, Juda confond sa belle-sœur avec une escort... Sincèrement, passons.

En Égypte, Joseph se retrouve au service du chef des gardes du pharaon. Il assure tellement qu'il devient responsable de toute la maison. Le problème, c'est que la femme de l'officier est une grosse nympho. « Il arriva, après ces événements, que la femme de son maître jeta les yeux sur Joseph et dit : "Couche avec moi !" » (Genèse 39:7.) Comme Joseph lui résiste, elle affirme qu'il a essayé de la violer et Joseph se retrouve en prison.

En cabane, il devient le parrain de la taule et il va même trouver un moyen d'exploiter son don : l'interprétation des rêves. Le sommelier et le boulanger du pharaon ont déconné au point de se retrouver enfermés. Joseph, lors d'une séance d'essai gratuite, prédit le retour en grâce au barman et la pendaison pour l'autre. Et c'est ce qui arrive, sinon l'histoire n'aurait aucun intérêt.

Deux ans plus tard, le pharaon fait des rêves chelous. Le responsable de la bibine se souvient des talents de Joseph qui se retrouve devant le pharaon. « Joseph dit à Pharaon : "Le Pharaon n'a fait qu'un seul songe : Dieu a annoncé à Pharaon ce qu'il va accomplir." » (Genèse 41:25.) En synthèse : il y aura sept années d'abondance suivies de sept années de famine. Soufflé, le pharaon nomme Joseph gouverneur de l'Égypte. Belle revanche sur la vie.

Israélites de la nation

Encore une famine au pays de Canaan ?! Jacob envoie ses fils en Égypte… Vous voyez venir la suite ? Après des épreuves, des allers-retours, des révélations tonitruantes et des retrouvailles émouvantes, tout le monde se réconcilie. Les israélites s'installent donc en Égypte avec la bénédiction du pharaon, Joseph sauve le pays de la famine et fait gagner un max de tunes à son boss, Jacob meurt à cent quarante-sept ans entouré de ses douze fils qu'il bénit dans un dernier souffle tout en leur révélant l'avenir de chacune des douze tribus d'Israël qu'ils vont former.

La Genèse, ça vous a plu ? Bougez pas, on a encore mieux : **le livre de l'Exode**. Le deuxième des cinq livres attribués à **Moïse. Les Dix Commandements**, bon Dieu ! Allez, on va faire un « avance rapide » d'environ trois cents ans et, exceptionnellement, on va vous raconter une deuxième incroyable histoire…

L'incroyable histoire de Moïse

Pharaon les tape

Malheureusement pour les Hébreux, le nouveau pharaon est antisémite. « Il dit à son peuple : "Voici que le peuple des israélites est devenu plus nombreux et plus puissant que nous." » (Exode 1:9.) Les Hébreux sont réduits en esclavage et persécutés. Le roi d'Égypte va alors prendre une mesure radicale les concernant : « Alors Pharaon donna cet ordre à tout son peuple : "Vous jetterez dans le fleuve tout garçon qui naîtra, et vous laisserez vivre toutes les filles." » (Exode 1:22) C'est dans ces conditions – peu favorables – que va naître un garçon dans la tribu des Lévi.

Nota Bene : pour profiter de l'histoire de Moïse dans des conditions optimales, nous vous recommandons de vous laisser pousser la barbe, de souvent regarder au loin avec l'air affligé, de mettre un peignoir et d'écouter de la musique classique avec des grosses percussions. L'expérience n'en sera que plus fantastique. *Tin TIN TINTiiiiin…*

La possibilité du Nil

Ne pouvant plus cacher l'enfant de trois mois, sa mère le glisse dans une petite barque artisanale et le laisse dériver sur le Nil, sans doute incapable de retenir ses larmes de crocodile. Sa sœur, inquiète, suit la petite embarcation à distance. Coup de théâtre antique, c'est la fille du pharaon qui recueille le petit kayakiste : « Elle l'ouvrit et vit l'enfant : c'était un garçon qui pleurait. Touchée de compassion pour lui, elle dit : « C'est un des petits Hébreux. » (Exode 2:6) C'est mignon les Hébreux quand c'est petit. Faudrait pas que ça grandisse. La sœur de l'enfant lui propose de trouver une nourrice et la princesse accepte de bon cœur. C'est en réalité sa mère biologique qui va l'allaiter. La fille du pharaon l'adopte comme un fils et lui donne le nom de Moïse. *Tin TIN TINTiiiiin.*

Moïse dans la mouise

Adulte, Moïse est tiraillé par sa double culture. Tiraillé et un peu *bad boy.* « Il advint, en ces jours-là, que Moïse, qui avait grandi, alla voir ses frères. Il vit les corvées auxquelles ils étaient astreints ; il vit aussi un Égyptien qui frappait un Hébreu, un de ses frères. Il se tourna de-ci de-là, et voyant qu'il n'y avait personne, il tua l'Égyptien et le cacha dans le sable. » (Exode 2:11-12.) Malheureusement, il y a des fuites, la nouvelle se répand et le pharaon veut la peau de Moïse. C'est le moment de se casser.

— Putain, mais à chaque baston, c'est la même histoire,
je craque mon slip, vous allez me le payer…
J'm'en fous, j'vous marave à poil quand même !

(*Moïse défendant les filles de Jethro*, par Giovan Battista di Jacopo, 1523.)

Moïse en cavale

Tel Al Pacino réfugié en Sicile dans *Le Parrain*, Moïse, la quarantaine, se planque dans le pays de **Madian**[1]. En arrivant, il défend sept jeunes donzelles agressées par des bergers : les filles du prêtre **Jethro**. C'est chez lui qu'il va se cacher et il va épouser une de ses filles : **Séphora** – peut-être qu'elle sentait bon… on n'en sait rien, ça va, arrêtez de déconner. Ils ont deux fils : **Gershom et Éliézer**. Moïse se la coule douce mais en Égypte, les Hébreux en bavent. « Dieu entendit leurs gémissements ; Dieu se souvint de son alliance avec Abraham, Isaac et Jacob. » (Exode 2:24.) *Tin TIN TINTiiiiin.*

Le feu sacré

Dieu – qu'on avait presque oublié dites donc, où est-ce qu'il était fourré ? – décide d'intervenir. Toujours à l'affût d'une bonne mise en scène, Il a deux ou trois trucs à dire à Moïse : « L'Ange de Yahvé lui apparut, dans une flamme de feu, du milieu d'un buisson. Moïse regarda : le buisson était embrasé mais le buisson ne se consumait pas. » (Exode 3:2.) (Ce serait bien pratique pour le barbecue.) Là, Dieu lui explique qu'Il a pensé à lui pour un taf un peu chaud : « Maintenant va, je t'envoie auprès de Pharaon, fais sortir d'Égypte mon peuple, les israélites. »

1. Du nom d'un des fils d'Abraham conçu ni avec Sarah, ni avec Agar. En gros, aujourd'hui, une partie de l'Arabie Saoudite et de la Jordanie.

(Exode 3:10) Sa mission, s'il l'accepte, est simple – enfin, il va l'accepter, c'est une demande de Dieu dans un incendie magique.

Étape 1 : Se pointer tout seul chez le pharaon ultra violent antisémite hyper puissant qui veut sa mort. Étape 2 : libérer les Hébreux. C'est pas compliqué, sérieux. Pourtant, allez comprendre, Moïse a quelques réticences… Mais Dieu essaie de le rassurer : Il va l'aider, défoncer les Égyptiens, expliquer au pharaon qui commande et il n'y aura plus qu'à ramener tout le monde sur **la Terre promise**, le pays de Canaan. En plus, il confie à Moïse toute une série de pouvoirs magiques trop cool comme changer son bâton en serpent. Mais Moïse a un peu la honte, il a peur de parler en public car il est bègue. L'Éternel commence à en avoir marre de cette discussion, il montre à Moïse de quel bois il se chauffe. « La colère de Yahvé s'enflamma contre Moïse et il dit : "N'y a-t-il pas Aaron, ton frère, le lévite ? Je sais qu'il parle bien, lui ; le voici qui vient à ta rencontre et à ta vue il se réjouira en son cœur. Tu lui parleras et tu mettras les paroles dans sa bouche. Moi, je serai avec ta bouche et avec sa bouche, et je vous indiquerai ce que vous devrez faire." » (Exode 3:14 et 3:16.) Moïse retourne en Égypte avec femme et enfants, retrouve son frère et le peuple d'Israël. *Tin TIN TINTiiiiin.*

Personne ne bouge !

Moïse, quatre-vingts ans, et Aaron, quatre-vingt-trois ans, se rendent donc devant le roi d'Égypte pour lui expliquer que le Tout-Puissant leur a dit de partir avec le peuple d'Israël et qu'ils sont juste passés dire au revoir. Mais le pharaon n'est évidemment pas d'accord. Qui va faire le sale boulot si les Hébreux s'arrachent ? Et il décide même de durcir les conditions de travail, histoire de bien montrer qu'il en a marre de ces jérémiades – enfin, il ne dit pas jérémiades, le prophète Jérémie, c'est plus tard. Alors Moïse va appliquer le plan du patron. D'abord, le coup de semonce : le bâton qui se transforme en serpent. Mais les magiciens du pharaon sont capables de ces tours de passe-passe. Enfin d'en donner l'illusion, car le serpent de Moïse mange les leurs. Pourtant, le pharaon ne veut pas lâcher le morceau. Il est temps de passer aux choses sérieuses.

Quelles plaies

Dieu va balancer sur le pharaon et son peuple **les dix plaies d'Égypte**. Une forme d'intimidation graduelle allant du tour de magie jusqu'au génocide. Dans l'ordre, voici les dix fléaux déclenchés par Moïse suivis par la réaction du pharaon :

- Le changement des eaux du Nil en sang > « Quelqu'un veut de la sangria ? »
- Une pluie de grenouilles > « Seigneur, je Croâ en Toi ! Nan, je déconne. »
- Une invasion de poux > « Je suis chauve. »
- Une invasion de moustiques > « Faut mettre des tuniques à manches longues et éviter d'allumer les torches le soir. »

- La mort de tous les troupeaux > « Je les aimais pas de toute façon. »
- Une épidémie de furoncles > « C'est rien, c'est la chaleur. »
- Une pluie de grêle > « Y a plus de saison. »
- Une invasion de sauterelles > « Je les adore, avec une sauce sucrée-salée. »
- Des ténèbres pendant trois jours > « C'est une éclipse, les gars, on est un peuple de matheux. »

Et enfin, après cette escalade, la plaie atomique finale :

- La mort de tous les premiers-nés > « OK, ça va, barrez-vous… »

Inutile de préciser que les Hébreux sont épargnés. Avant de zigouiller plein de petits Égyptiens, Dieu instaure **la Pâque juive : Pessah** – non il n'y a pas d'œufs qui volent avec du chocolat au lait (voir p. 194).

Le pharaon finit donc par lâcher l'affaire et Moïse guide les Hébreux vers le pays de Canaan. « Lorsque Pharaon eut laissé partir le peuple, Dieu ne lui fit pas prendre la route du pays des Philistins, bien qu'elle fût plus proche, car Dieu s'était dit qu'à la vue des combats le peuple pourrait se repentir et retourner en Égypte. Dieu fit donc faire au peuple un détour par la route du désert de la mer des Roseaux. C'est bien armés que les israélites montèrent du pays d'Égypte. » (Exode 13:17-18.) Traduction : pour sortir d'Égypte, tu prends pas la direction pays des Philistins, OK ? Tu sors à la soixante-treizième dune, direction la mer Rouge, OK ? Et là c'est tout droit, c'est de l'autoroute.

Dieu connaît un raccourci

Pharaon change encore d'avis à cause de qui vous savez : « Yavhé endurcit le cœur de Pharaon, le roi d'Égypte, qui se lança à la poursuite des israélites sortant la main haute. » (Exode 14:8.) Dieu intercepte les poursuivants, mais les israélites, pris entre l'armée égyptienne et la mer Rouge, ont bien la trouille. Moïse calme tout le monde, étend la main et ouvre la mer Rouge en deux. Ça doit être pratique pour ouvrir un bocal de foie gras ou le pot de mayonnaise. « Les israélites pénétrèrent à pied sec au milieu de la mer, et les eaux leur formaient une muraille à droite et à gauche. » (Exode 14:22.) Enfin, les eaux se referment sur les chars et les soldats lancés à leur poursuite. Victoire du Tout-Puissant par K.-O.

Quand t'es dans le désert

Sur la route de la Terre promise, les Hébreux n'arrêtent pas de chouiner et d'embrouiller Moïse. « Le peuple y souffrit de la soif, le peuple murmura contre Moïse et dit : "Pourquoi nous as-tu fait monter d'Égypte ? Est-ce pour me faire mourir de soif, moi, mes enfants et mes bêtes ?" » (Exode 17:3) Vas-y qu'on a soif, qu'on a faim, que le pain est tout raplapla, qu'on n'était pas si mal chez le pharaon… Trois mois de marche forcée avec, en prime, une petite bataille contre un agresseur menée par un certain Josué côté hébreu. Josué, le futur successeur de Moïse. Trois mois d'errance pour atteindre le Mont Sinaï. *Tin TIN TINTiiiiin.*

Dieu passe à table

Les Hébreux font du camping au pied du mont Sinaï. Dieu demande à Moïse de faire un peu d'alpinisme pour le rejoindre au sommet, ce qui, à quatre-vingts ans, en peignoir et en tongs, n'a rien d'évident. Là, Dieu file enfin la règle du jeu de la vie. Peut-être que s'Il avait prévenu l'humanité un peu plus tôt… Ce sont **les Dix Commandements, le Décalogue**, le truc dans lequel il y a : « Tu ne tueras point. » En hébreu, on dit plutôt « les dix paroles » (à lire dans sa tête avec une grosse voix caverneuse). C'est classe les Dix Commandements, hein ? S'ensuit toute une série de règles bien pratiques du genre : « Si des hommes, en se battant, bousculent une femme enceinte et que celle-ci avorte mais sans autre accident, le coupable paiera l'indemnité imposée par le maître de la femme, il paiera selon la décision des arbitres. » (Exode 21:22) Ou encore « Œil pour œil, dent pour dent, pied pour pied. » (Exode 21:24) Donne-moi ta main et prends la mienne. Interdiction de la zoophilie – c'est bon à savoir –, invention de l'arrêt de travail, conditions des prêts bancaires : « vous ne lui imposerez pas d'intérêts. » (Exode 22:24.) Etc.

L'Éternel détaille ensuite pendant des plombes comment Il veut qu'on lui construise son tabernacle, une tente de culte mobile pour Hébreux en exil, servant à abriter l'arche d'Alliance, une grosse malle bling-bling qui doit accueillir le Décalogue. Des pages et des pages d'instructions de montage. Et Dieu veut ce qu'il y a de mieux, pas question de mégoter sur les matières premières. Bois d'acacia, or, fil bleu… Sans oublier tous les détails des sacrifices de bestioles. Bref, « Quand Il eut fini de parler avec Moïse sur le mont Sinaï, Il lui remit les deux tables du Témoignage, tables de pierre écrites du doigt de Dieu. » (Exode 31:18) Eh oui, Dieu a aussi inventé la tablette tactile.

Foi de Veau

Le problème c'est que pendant ce temps-là, au pied de la montagne qui fout bien la trouille genre le Mordor dans *Le Seigneur des anneaux*, le peuple d'Israël s'impatiente : « Quand le peuple vit que Moïse tardait à descendre de la montagne, le peuple s'assembla auprès d'Aaron et lui dit : "Allons, fais-nous un dieu qui aille devant nous, car ce Moïse, l'homme qui nous a fait monter du pays d'Égypte, nous ne savons pas ce qui lui est arrivé." » (Exode 32:1) Et le frère de Moïse, lui-même, fabrique un gigantesque **veau d'or** à aduler. Gros dérapage quand même. Est-il utile de préciser que l'Éternel, qui vient juste de prendre sur Son temps pour nous filer le mode d'emploi, disjoncte ? « Maintenant, laisse-moi ; ma colère va s'enflammer contre eux, et je les exterminerai ; mais de toi je ferai une grande nation. » (Exode 32:10) Ah ! Cette manie de toujours balancer des boules de feu sur la tête de l'humanité dès qu'il y a un conflit… Moïse réussit toutefois à calmer le patron. « Et Yahvé renonça à faire le mal dont il avait menacé son peuple. » (Exode 32:14) Oui, L'Éternel se repent… Comme un copain qui a trop bu et qui a failli se battre parce qu'on l'a regardé de travers.

Moïse redescend de son trek accompagné du fidèle Josué et se retrouve nez à nez avec une méga-partouze devant un gigantesque veau en or, donc. La moutarde lui monte au nez au point que le premier prophète du judaïsme va péter les Tables de la Loi. Ensuite, il réunit ses troupes et trucide tous les idolâtres. « Les fils de Lévi firent ce que Moïse avait dit, et du peuple, il tomba ce jour-là environ 3 000 hommes. » (Exode 32:28) Finalement, Moïse remonte sur le mont Sinaï et finit par obtenir un duplicata des Tables de la Loi. Il aurait quand même pu les mémoriser, mais bon… Finalement, les Hébreux construisent le tabernacle, le petit pied-à-terre de l'Éternel. « Moïse vit tout l'ouvrage : ils l'avaient fait comme Yahvé l'avait ordonné. Et Moïse les bénit. » (Exode 39:43.) *Tin TIN TINTiiiiin.*

Vers quel état j'erre ?

Un an après la sortie d'Égypte, après avoir établi les lois concernant les prêtres – compilées dans **le troisième livre de la Torah : le Lévitique**, puisque les prêtres sont de la tribu des Lévi –, le peuple d'Israël lève le camp pour partir vers Canaan, la terre maintes fois promise. Le récit de ce voyage se trouve dans **le livre des Nombres, le quatrième de la Torah**. Sur les conseils du grand manitou, Moïse envoie douze espions au pays de Canaan pour tâter le terrain. Un espion par tribu – vous vous souvenez ? Les douze fils de Jacob/Israël. Mais seuls deux d'entre eux, Josué et Caleb, reviennent convaincus que la conquête du pays est une bonne idée. Les Hébreux recommencent à se plaindre, veulent lapider Moïse et encore retourner en Égypte. Trop c'est trop, il y a des limites quand même. Les dix plaies d'Égypte, la mer Rouge, le Sinaï… « Et Yahvé dit à Moïse : "Jusqu'à quand ce peuple va-t-il me mépriser ? Jusqu'à quand refusera-t-il de croire en moi, malgré les signes que j'ai produits chez lui ? Je vais le frapper de la peste, je le déposséderai. Mais de toi, je ferai une nation, plus grande et plus puissante que lui." » (Nombres 14:11-12)

Comme après l'épisode du veau d'or, Moïse va réussir à faire redescendre un peu le Très-Haut et Le dissuader de tous les tuer. Mais Dieu a la rancune tenace, puisqu'ils ont craché dans la soupe, aucun des Hébreux sortis d'Égypte n'aura le droit d'entrer sur la Terre promise, en dehors de Caleb et Josué. Le *big boss* va ainsi faire tourner le peuple d'Israël en rond dans le désert pendant quarante ans ! Avec son lot habituel d'épidémies, de batailles et d'embrouilles en tout genre.

J'y étais presque…

Moïse meurt à cent vingt ans aux portes de la Terre promise. Son testament, son dernier discours, constitue **le cinquième livre de la Torah : le Deutéronome** – la seconde loi, en hébreu, *Devarim* – paroles. C'est un résumé des épisodes précédents. Entre autres, Moïse y livre le Chema Israël, la profession de foi des juifs, l'équivalent du Notre Père des chrétiens ou de la Chahada des musulmans : « Écoute, Israël : Yahvé notre Dieu est le seul Yahvé. Tu aimeras Yahvé ton Dieu de tout ton cœur, de toute ton âme et de tout ton pouvoir. Que ces paroles que je te dicte aujourd'hui restent dans ton cœur ! Tu les répéteras à tes fils, tu les leur diras aussi bien assis dans ta maison que marchant sur la route, couché aussi bien que debout ; tu les attacheras à ta main comme un signe, sur ton front comme un bandeau ; tu les écriras sur les poteaux de ta maison et sur tes portes. Lorsque Yahvé ton Dieu t'aura conduit au pays qu'il a juré. » (Deutéronome 6:4-9.)

Dans Sa générosité désormais légendaire, si on ose dire, Dieu autorise tout de même ce bon vieux Moïse à jeter un coup d'œil sur l'objet de ses quarante ans d'errance. « Yahvé lui dit : "Voici le pays que j'ai promis par serment à Abraham, Isaac et Jacob, en ces termes : Je le donnerai à ta postérité. Je te l'ai fait voir de tes yeux, mais tu n'y passeras pas." » (Deutéronome 34:4) C'est son successeur, Josué, qui va mener la conquête de Canaan, mais ça, c'est une autre histoire… *Tin TIN TINTiiiiin.*

C'est bon à savoir (ou pas)

À suivre…

La Torah, le Pentateuque chez les chrétiens, attribuée à Moïse est le livre le plus saint du livre saint des juifs, le **Tanakh**, donc – ça fait quinze fois qu'on l'explique. Cette première série des aventures du peuple hébreu, répartie en cinq épisodes, est suivie par une saison plutôt réussie : **Nevi'im, le livre des prophètes**. La série reprend là où la saison 1 s'était arrêtée. On ne peut pas dire que les auteurs atteignent le niveau d'inspiration de Moïse, qui maîtrisait franchement les ficelles du *storytelling*. Mais si vous êtes fan, c'est quand même pas mal. On passe un bon moment. Tout recommence donc avec la conquête de Canaan par Josué. Les douze tribus d'Israël se partagent le bagel. Notons l'épisode de Samson, première incursion des scénaristes dans le rayon des super-héros (voir p. 285 : Mon prophète est-il un super-héros ?). Tout plein d'histoires et de prophètes. Jusqu'au Xe siècle avant J.-C. et **le roi David**, celui qui défonce Goliath et qui unifie le royaume d'Israël. Son fils **Salomon**, celui du jugement de Salomon, porte le royaume à son apogée avec la construction du **temple de Jérusalem** pour ranger l'arche d'alliance et les Tables de la Loi, histoire qu'elles arrêtent de prendre la poussière. Mais les israélites vont se séparer en deux clans pour une histoire de succession – exactement comme les chiites et les sunnites à la mort de Mahomet. D'un côté le royaume d'Israël, de l'autre le royaume de Juda, qui inclut **Jérusalem**. Deux histoires parallèles jusqu'à la défaite du royaume d'Israël par les Assyriens vers 720 avant le fils de Dieu qu'ils ne reconnaissent pas – pas Dieu, son fils. Seul subsiste le royaume de Juda qui va lui tomber en -597 face à **Nabuchodonosor**, le roi de l'empire babylonien – et accessoirement le gars ayant porté le nom le plus cool de tous les temps selon nous. Bref, Jérusalem et son temple sont rasés. Et les Judéens exilés à Babylone. Jusqu'à la victoire en -538 du roi des Perses, Cyrus II – qui lui avait un nom de smartphone coréen, pas de chance. Les Judéens sont libérés, retournent à Jérusalem et c'est le début de la reconstruction du temple… Et c'est quasiment la fin de l'histoire des Hébreux dans le Tanakh avec un dernier prophète : **Malachie** – qui, on vous le rappelle, ne profite jamais. Après lui, plus de patriarches, plus de prophètes, la ligne directe avec l'Opérateur Suprême est coupée, le numéro demandé n'est plus attribué ou en tout cas, on a perdu le contact. Dieu vient de sortir du répertoire.

Et la saison 3, ça vaut le coup ?

La troisième saison, **Kétouvim**, c'est plutôt pour les inconditionnels. Genre bonus édition spéciale collector. Avec plein de commentaires, d'anecdotes, de scènes inédites, fins alternatives… On vous recommande **l'histoire de Job**, qui aurait mérité de trouver une place dans l'intrigue principale, tellement ça défonce, et **l'Ecclésiaste**, attribué au roi

Salomon. Parce que citer l'Ecclésiaste dans une soirée vous permettra de bien claquer l'ostie à tout le monde : « Vanité des vanités, [...], tout est vanité. » (Ecclésiaste 12:8) « Ce qui fut, cela sera, ce qui s'est fait se refera, et il n'y a rien de nouveau sous le soleil ! » (Ecclésiaste 1:9) Après avoir balancé ça à votre auditoire médusé, n'hésitez pas à vous moucher bruyamment puis à inspecter le contenu de votre mouchoir avec satisfaction. Cela vous donnera une aura mystérieuse.

Pratique, pour se rafraîchir la mémoire et pour ceux qui sont un peu fainéants, un résumé de la bible hébraïque est inclus sous le titre ***Chroniques***. Remercions son auteur présumé, **Esdras**, qui est aussi l'auteur d'un des livres du Tanakh : le livre d'Esdras – sans surprise. Il y raconte le retour des Judéens à Jérusalem, la reconstruction du temple et l'action de l'auteur, consistant à remettre la Torah au centre de la vie du peuple, tout ça pendant le Ve siècle avant J.-C.

Comme vous le savez, la Torah a connu un *sequel* – une suite, quoi –, le Nouveau Testament, qui a pris le parti audacieux de se centrer sur un seul personnage pour se démarquer, et un *reboot* – on reprend tous les éléments, mais pas exactement, et on change un peu les persos –, le Coran. Ces deux opus démontrent que le potentiel de la franchise monothéiste est bien vivant.

Mais pourquoi on dit juif alors ?

Le mot « juif » est un dérivé du mot « Judéen » dans la langue française. Comme il faut tout vous répéter, les Judéens sont les israélites qui vivaient en Judée, le territoire de Juda. Les israélites sont des Hébreux de la lignée de Jacob/Israël. Les Hébreux sont le peuple dont faisait partie Abraham, issu de la Mésopotamie. L'hébreu est la langue principale dans laquelle est rédigé le Tanakh, et est aujourd'hui l'une des deux langues officielles de l'État d'Israël avec l'arabe.

Mais quand on me traite d'antisémite, ça veut dire quoi ?

Que vous êtes raciste avec les juifs… Ce mot, un peu comme le mot « holocauste », est source de confusion. En effet, les langues sémitiques – de Sem, fils du capitaine Noé – sont un groupe de langues parlées depuis l'Antiquité dont font partie l'arabe ET l'hébreu. Du coup, antisémite devrait désigner le racisme contre les Juifs ET les Arabes. Pourtant, ce terme désigne clairement l'antijudaïsme aujourd'hui.

Et cette histoire de séfarades et d'ashkénazes ?

En 70 après J.-C., le temple de Jérusalem est détruit pour la seconde fois et rasé par les Romains. Seul subsiste aujourd'hui **le mur des Lamentions**. Les juifs vont alors se disperser à travers le monde, c'est la **diaspora**.

Les **ashkénazes** sont les juifs d'Europe de l'Est. Ils parlent traditionnellement le yiddish, une langue germanique. Ils sont majoritaires dans le monde. Pourtant, ce sont eux qui ont le plus souffert de la Shoah. C'est cette communauté qui a massivement émigré vers les États-Unis.

Les **séfarades** sont à la base les juifs ayant émigré en Espagne et au Portugal. Ils y ont forgé certains rites spécifiques. En 1492, les séfarades se font jeter par décret. Ils vont se réfugier un peu partout, entre autres, en Afrique du Nord. Là, ils vont avoir une telle influence sur la religion juive qu'aujourd'hui, on désigne, par extension, comme séfarades les juifs issus de ces régions. Ils sont majoritaires en France.

Les **mizrahim** – eh oui, vous les connaissiez pas ceux-là ? – désignent les juifs issus des communautés d'Orient. Comme l'Irak, l'Iran, le Yémen…

Évidemment, toutes ces dénominations sont l'objet de controverses et de débats incessants. Sinon ce ne seraient pas des questions religieuses et ce serait moins marrant.

À ses commandements

Les Dix Commandements – avant d'être un film diffusé en troisième partie de soirée à Noël à la télévision publique et de devenir une comédie musicale trop forte (au niveau du son) –, constitue la base du judaïsme : c'est le Suivi MInimum des Croyances, le SMIC spirituel juif. Le minimum synagogal.

1. Je suis le Seigneur ton Dieu qui t'a fait sortir du pays d'Égypte.
2. Tu n'auras pas d'autre Dieu que moi.
3. Tu ne prononceras pas le nom de Dieu en vain.
4. Souviens-toi du jour du sabbat.
5. Honore ton père et ta mère.
6. Tu ne tueras point.
7. Tu ne commettras pas d'adultère.
8. Tu ne voleras pas.
9. Tu ne feras pas de faux témoignage.
10. Tu ne convoiteras ni la femme, ni la maison, ni rien de ce qui appartient à ton prochain.

Nom de Dieu

YHWH. Ça vous dit quelque chose ? Non, ce n'est pas une chanson des Village People, ça, c'est YMCA. Non, ce n'est pas non plus le nom d'un grand groupe de luxe *made in* France, ça, c'est LVMH. Non, YHWH, c'est le véritable nom de Dieu. On aurait pu vous le dire avant ? Pas faux, mais on ne va pas tout réécrire maintenant. Donc, YHWH. Attention, il est interdit de dire ce nom en vain selon le troisième commandement. Ce qui tombe bien puisque nous, on n'arrive pas à le prononcer. Du coup, on est peinard. YHWH, c'est **le tétragramme**. Quatre lettres hébraïques qui constituent le nom propre du *big boss*. C'est le nom qu'Il révèle à Moïse, traduit par Yahvé dans la Bible de

Jérusalem. Une sorte de jeu de mots divin. Sachant que Dieu n'est plus à un calembour près. En gros on peut le traduire par « Je suis celui qui est » ou « Je suis celui qui sera »... D'acco-dac, patron. Il est mentionné plus de 5 000 fois dans le Tanakh. Ce qui est normal, c'est quand même Son bouquin.

Comme on comprend rien, c'est traduit n'importe comment : le Seigneur, l'Éternel, le Tout-Puissant... Nous, on propose Big Daddy Cool, mais personne ne veut nous écouter. Trop novateur, le monde n'est pas prêt.

À part ça, il y a plein d'autres noms utilisés dans le Tanakh. Et comme c'est de l'hébreu, on arrive assez mal à les traduire. Un des plus courants est **Elohim**, qu'on retranscrit souvent par Tout-Puissant. C'est le gros balèze, quoi.

Pour être sûr de ne jamais violer le troisième commandement et froisser le grand chef, les juifs remplacent son nom par **Adonaï** dans leurs prières. Adonaï qui signifie « mes seigneurs », mais est ensuite accordé au singulier, enfin d'après ce qu'on a compris, c'est-à-dire pas grand-chose. Pour mentionner Dieu dans leurs discussions de tous les jours, les juifs utilisent le nom **Hashem**, qui signifie « Le Nom ».

L'enfer c'est (pour) les autres

Pas grand-chose à se mettre sous la dent dans le Tanakh du côté de l'enfer et du paradis. La tradition rapporte que les âmes des juifs sympas se retrouvent au jardin d'Eden et que celles de tous les autres passent par une espèce d'enfer-purgatoire. Mais ce n'est ni très clair, ni très détaillé. Rien de folichon. En revanche, après on sait où on va : comparution immédiate au tribunal du Magistrat Suprême. Eh oui, comme les catholiques et les musulmans, les juifs attendent plus ou moins patiemment le Jugement dernier. L'Apocalypse, donc, qui s'appelle plutôt « le jour du Seigneur ». « Voici que vient le jour de Yahvé, implacable, l'emportement et l'ardente colère, pour réduire le pays en ruines, et en exterminer les pécheurs. » (Isaïe 13:9) Ça va barder.

Messie, mais si…

Mashia'h en hébreu. Signifie à la base « quelqu'un qui est oint ». Pardon ? Oint, ça veut dire « recouvert de ». Le Tanakh rapporte ainsi que la tradition était d'oindre d'huile parfumée les personnes investies d'une mission divine – prêtres, prophètes, rois… – ainsi que les objets sacrés. Selon certaines prophéties, et en particulier celle d'Isaïe, un Messie descendant du roi David doit revenir apporter la paix sur la terre et préparer le terrain pour le jour du Seigneur. « C'est pourquoi le Seigneur lui-même vous donnera un signe : voici, la jeune femme est enceinte, elle va enfanter un fils et elle lui donnera le nom d'Emmanuel. » (Isaïe 7:14.) Emmanuel ?! Oui, bon, il paraît que ça veut dire « Dieu est avec nous ». Ce qui d'ailleurs, si nous étions freudiens, changerait un peu le sens du film érotique des années 1970… Notons que le Messie version juive n'est pas forcément zen, puisque théoriquement issu de la famille de David qui n'hésitait pas à en découdre. **Pour les juifs, Jésus n'est pas le Messie**, d'abord parce qu'il transgresse certains interdits absolus – le chabbat par exemple –, mais aussi rétroactivement car il n'a pas rempli le contrat qui consistait à reconstruire Israël.

Parenthèse – c'est marrant, quand on écrit parenthèse, on met pas de parenthèses : le mot **Christ**, issu du grec, n'a rien à voir avec une croix, c'est une traduction d'oint. Ah, le Christ, si près et en même temps si oint.

Au fond du Rabbin

Les rabbins, à la base, sont des savants de la loi hébraïque. Des espèces de théologiens-juristes. Avant la destruction du second temple, dans les *seventies* – pas les mille neuf cent *seventies*, les *seventies* tout court –, les juifs avaient leurs prêtres. C'est avec la diaspora que la fonction sociale du rabbin s'est développée et que celle des prêtres a disparu. Les rabbins ont deux sources d'enseignement : **la Torah et le Talmud**. Le Talmud est la consignation écrite de la Torah orale – qui a commencé à être transmise à Moïse par le patron avec les Tables de la Loi –, la compilation des discussions des rabbins concernant les règles de la société et des commentaires de la Bible hébraïque. Le Talmud a été achevé vers l'an 500. Les rabbins en tirent la loi juive : **la Halakha** qui régit tous les aspects de la vie des pratiquants.

Les juifs n'ont pas d'équivalent au pape, pas d'autorité centralisée. Pourtant, il vous arrive de voir le Grand Rabbin de France sur vos chaînes d'info. Cette organisation, qu'on appelle **le Consistoire**, a été créée par Napoléon en 1808, et est spécifique à la France.

Et les Lumières furent...

Grâce à l'influence des philosophes du XVIIIe – siècle, pas arrondissement –, un mouvement d'émancipation va radicalement changer le monde juif. Ce mouvement, c'est la **Haskala** qui va exister pendant cent ans jusqu'à la deuxième partie du XIXe siècle. Son but : faire en sorte que le peuple juif, qui vivait selon ses propres règles et souvent dans son ghetto – réservé ou imposé –, devienne soluble dans la société. C'est grâce à la Haskala que les juifs ont investi les domaines comme les sciences et les arts des nations dans lesquelles ils vivaient. Ces juifs qui défendaient la tolérance, allèrent même jusqu'à prôner l'abandon de la circoncision. Le mouvement a abouti au judaïsme réformé ou libéral, anecdotique en France mais majoritaire aux États-Unis. On y forme même des femmes rabbins. On vous dit même pas comment ça énerve les orthodoxes.

À Kabbale mon âme

La **Kabbale**, c'est le trip ésotérique du judaïsme. Genre gros délire crypto-mystique. Symptôme n° 1 : une tendance à voir nombre d'or et pi à tous les coins de rue. Pour ses adeptes, la Torah serait en réalité un vaste message codé par Moïse. Parmi les livres de base de la Kabbale, le plus célèbre est le **Zohar**, qui explique clairement que le sens littéral de la Bible hébraïque n'est qu'un leurre. Les kabbalistes portent souvent un petit fil rouge au poignet gauche et sont capables de changer le plomb en or[1].

Côté pratique

Chabbat-man

Le **chabbat** est une des bases du judaïsme, le quatrième commandement. Ce septième jour chômé chaque semaine rend hommage au meilleur ouvrier de l'univers : « Dieu bénit le septième jour et le sanctifia, car il avait chômé après tout son ouvrage de création. » (Genèse 2:3) Le chabbat commence le vendredi à peu près vingt minutes avant le coucher du soleil et se termine le samedi soir environ quarante minutes après le coucher du soleil en fonction de la disparition de certaines étoiles. En substance, il s'agit de se concentrer sur sa famille et sur la pratique religieuse. Allumer sa télé, conduire, travailler, lire autre chose que la Torah, s'entraîner au lancer de couteaux, fabriquer une bombe nucléaire… Toute activité de création est théoriquement interdite. Sauf faire l'amour avec votre conjoint – VOTRE conjoint !

1. On plaisante.

Les prières jalonnent la vie des juifs, elles sont au nombre de trois par jours « normaux » et sont multipliées le jour du chabbat et lors des fêtes religieuses. La **synagogue**, qui vient de l'hébreu « rassemblement », est l'endroit où les fidèles viennent prier ensemble. Elle contient aussi les rouleaux de la Torah. Car la Torah n'est pas conservée sous forme de livre mais sous forme de rouleaux de parchemin. Elle est lue sur un air précis en chantant par l'officiant de la synagogue.

Quitte pas ta kippa

La **kippa** n'est pas une obligation religieuse à proprement parler, pas divine en tout cas. Elle est uniquement imposée dans le règlement intérieur de la synagogue. Vous pouvez d'ailleurs utiliser n'importe quel chapeau, mais pour des raisons évidentes, veillez à éviter le sombrero. Se couvrir la tête est avant tout un symbole d'humilité envers Dieu, qui, rappelons-le, peut à tout moment décider de votre exil forcé ou de vous détruire avec une boule de feu… Les origines de la kippa sont à chercher du côté des rabbins. Ce sont eux qui ont imposé l'idée de ne jamais avoir la tête nue. D'abord acte volontaire de piété, le « chapeau juif », qui ressemblait alors à une cloche aplatie, a ensuite été imposé au Moyen Âge par l'Église catholique en Europe afin de distinguer les israélites. Aujourd'hui, la kippa est un symbole d'appartenance au judaïsme : d'un juif qui abandonne la foi, on dit qu'il a perdu sa kippa.

Un bon coup de casher

Manger **casher** c'est franchement galère. On va essayer de vous expliquer le truc. Le code de la bonne bouffe chez les juifs s'appelle la **cacherout**. Elle découle des prescriptions rapportées par Moïse dans le Lévitique. Ces règles peuvent fluctuer et être plus ou moins appliquées selon les mouvements et les régions, cependant dans les grandes lignes :

1. Les animaux sont divisés en trois clubs : ceux qui marchent, ceux qui nagent et ceux qui volent.
2. Pour chaque catégorie, certains sont purs et d'autres impurs.

Pour les animaux terrestres, on peut manger les animaux qui ont un sabot fendu ET qui ruminent, comme le bœuf, le veau, le mouton… Cela exclut les animaux qui n'ont pas de sabot fendu comme le cheval, le chameau ou votre belle-mère, même si elle rumine, ainsi que les animaux qui ne ruminent pas comme le porc.

Information à l'usage des gens qui vivent en ville : ruminer, c'est ramener la nourriture de son estomac dans la bouche. Eh oui, ça existe.

Toutes les volailles sont validées, les œufs aussi.

Pour tout ce qui se trouve dans la flotte, seuls les poissons qui ont des écailles et des nageoires sont autorisés. Le saumon, le thon, la sole sont par exemple OK, mais pas la lotte, ni la raie. Ah, oui, du coup, vous êtes aussi privés de fruits de mer.

Pour les oiseaux, il y a une liste assez précise, les rapaces sont par exemple interdits et les pigeons autorisés.

Pour être consommée, une bête doit être égorgée par un sacrificateur en prononçant une bénédiction. Certains organes sont ensuite retirés et l'animal est vidé de son sang.

Les légumes et les fruits sont autorisés.

Le lait doit provenir d'une bête avec ses papiers en règle, le fromage, ça dépend, c'est compliqué.

Quelques règles en vrac :

- Il faut retirer le nerf sciatique des bestioles, rapport à la baston de Jacob/Israël.
- Il ne faut pas mélanger la viande et le lait. « Tu ne feras point cuire un chevreau dans le lait de sa mère. » (Exode 23:19)
- Aucune cuisine le jour du chabbat.
- Certains aliments et plats ne peuvent être préparés que par des juifs.

L'alcool est autorisé. Et là vous vous dites : champagne ! Eh bien non ! Car tous les vins doivent être fabriqués par des juifs. En revanche, les vins pasteurisés – beurk – et les vins cuits sont casher. Et, *good news*, vodka, whisky et autres sont validés. Mais tout cela avec modération, hein, n'allez pas nous faire une Noé.

Y a quoi au planning ?

En comptant le **chabbat**, les fêtes juives vous occuperont environ cent cinquante jours par an. Entre autres : **Pessah**, Pâque, qui dure une semaine avec plein de rituels et l'interdiction de manger du pain levé – vous, vous pouvez être debout, c'est le pain qui ne doit pas être levé – et **Yom Kippour**, le jour du grand pardon. Nombreux jours de jeûne à prévoir. Idéal pour perdre les kilos superflus.

La **bar-mitzvah**, cérémonie religieuse généralement suivie d'un buffet, marque le passage à l'âge religieux adulte, à treize ans pour les garçons et à douze ans pour les filles qui sont toujours plus précoces. Pour elles, on dit **bat-mitsvah**.

Notons que le calendrier hébraïque est absolument incompréhensible puisque mi-solaire, mi-lunaire. C'est plus difficile qu'un sudoku force 9. À titre d'exemple, le 1er janvier 2017 correspond au 3 Tévet 5777 et le 1er janvier 2018 au 14 Tévet 5778. Et pourquoi pas ?

Les mots-clés qui relèvent plus de la géopolitique que de la religion :

#COLONIES
#SIONISME
#CONFLITISRAÉLOPALESTINIEN

Le mot de la fin :

YHWH

Les cinq grandes religions en un coup d'œil

	Christianisme	**Islam**	**Hindouisme**	**Bouddhisme**	**Judaïsme**
Dieu(x)	Unique 33,3 % père 33.3 % fils 33.3 % St-Esprit	100 % unique	Plein	Néant	Unique… en son genre
Héros	Jésus-Christ (catégorie messie)	Mahomet (catégorie prophète)	Shiva et Vishnou entre autres (catégorie dieux)	Bouddha (catégorie… bouddha)	Moïse (catégorie patriarche)
Super vilain	Satan	Iblis	Plein	Soi-même	Satan, mention spéciale pour le Pharaon
Textes sacrés	La Bible	Le Coran	Le Veda	Le Tripitaka	Le Tanakh
Paradis	Oui mais sujet à débat	Oui, version jardin dans le ciel	Des millions	Non	Oui mais sujet à débat

Enfer	Oui mais sujet à débat Particularité : purgatoire	Oui, qui brûle	Des millions	Non	Oui mais sujet à débat
Éveil	Non	Non	Oui, Moksha	Oui, Nirvana	Non
Réincarnation	Non (exception : résurrection si vous êtes le Messie)	Non	Oui	Oui (et non…)	Non
Code alimentaire (1 facile, 2 moyen, 3 difficile)	1	3	3	3	3
Temps moyen indicatif théorique de pratique hebdo	De 0 à 5 heures	De 10 à 20 heures	De 10 à 20 heures	Plus de 20 heures	De 10 à 20 heures

L'heure du grand choix

666 questions – ou presque – pour choisir votre religion

Pour créer le test qui suit, nous avons pris soin de nous adjoindre les services de scientifiques reconnus dans de très nombreux domaines et qui préfèrent garder l'anonymat. Nous les comprenons. La démarche qui est la nôtre est humaniste dans la mesure où nous vous invitons à choisir une voix – voie – spirituelle dans un monde où les esprits rationnels vont se raréfier, pour finalement disparaître, mais ça on vous l'a déjà dit.

Le test se divise en trois parties : « Qui je suis ! », « D'où je viens… » et « Que faire ? » D'abord un test de personnalité. Le plus concret. En touchant vos parties sensibles (c'est une allégorie), nous serons en mesure de dessiner précisément les contours de votre être. Vient ensuite le plat de résistance (auquel il ne faudra pas résister). Une analyse psychologique totale au cœur de laquelle nous vous inviterons à revivre les deux moments fondateurs de votre psyché :

l'enfance et l'adolescence. Un voyage dans le temps entre humiliations, Œdipe et perversité. Enfin, la troisième partie est un test comportemental. Nous vous projetterons alors dans des situations éprouvantes et inconfortables. Mais c'est à ce prix que vous pourrez choisir votre religion, peut-être même que c'est elle qui vous choisira.

Certaines questions risquent de vous surprendre, mais faites-nous confiance. Soyez à l'écoute de vous-même, c'est essentiel. N'essayez pas de fuir votre nature profonde, ne vous drapez pas dans une fausse pudeur. Vous devez faire montre d'une absolue sincérité, il en va de la qualité de l'orientation spirituelle qui vous sera proposée ensuite. Soyez fort, ne détournez pas le regard et affrontez-vous sans peur. Pour ce qui est de la structure à proprement parler, ne vous en préoccupez pas. C'est trop pointu. Nous serons en mesure de calculer votre coefficient même si vous ne devinez aucune logique dans les choix, et ce parce que nous avons pris soin de brouiller les pistes, dans le but de ne pas vous influencer vers plus de A ou de B ou de C, etc. D'ailleurs, il se peut qu'il n'y ait pas toujours autant de choix pour chaque question, et il peut aussi arriver que nous passions du C au E, sans avoir de D… Pareil, *no te preocupa*. Alors, lâchez-vous, soyez vous, on s'occupe du reste.

Partie I : Qui je suis !

N'essayez pas de nous arnaquer, nous l'avons prévu. Le test est conçu pour déceler vos pitoyables tentatives de mensonges. Et ce livre ouvert lit en vous comme dans un livre ouvert. Il pourrait même lire dans un livre fermé. Ainsi, que vous cochiez vos réponses au hasard, que vous les sous-traitiez en Inde ou encore que vous deveniez aveugle de naissance, cela nous en aura déjà dit bien assez long sur votre pauvre vous. Au fait, vous n'avez le droit qu'à une réponse. Pourquoi ? Parce que.

1. Vous êtes…

A. Un homme lambda, conscient de ses limites.
B. Une femme soumise.
C. Autre.

2. Aimez-vous…

A. La rosette.
B. L'alcool.
C. L'alcool et la rosette.
D. Les uns les autres.
E. La sodomie (active et/ou passive).
F. Le curry.

3. Vous êtes…

A. Chômeur ou fonctionnaire ou retraité ou alcoolique.
B. Salarié, catin du capitalisme.

C. Soi-disant chef d'entreprise mais en réalité blogueur.
D. Soi-disant chef d'entreprise mais en réalité héritier.

4. Combien de fois vous masturbez-vous par heure ?

A. + de 0 fois.
B. 0 fois.

5. Aimez-vous votre conjoint ? (Si vous ne disposez pas d'un conjoint, imaginez que vous en avez un.)

A. Bof.
B. Mouais.
C. Non.

6. Vous n'allez pas sur Youporn car vous préférez :

A. XHamster, les vidéos sont plus fluides, question de technologie.
B. GayTube, en vous flagellant et en répétant « gloire à Satan ».
C. Dessiner vos propres mangas érotiques dans lesquels vous vous faites violer par Rondoudou, votre Pokémon favori.
D. Utiliser un logiciel qui masque vos traces pour surfer sur le Darknet et vous masturber sur des films à la fin desquels les gens meurent démembrés, dans un esprit de liberté.
E. La prière désintéressée.

7. Si vous lisiez beaucoup de livres, vous deviendriez :

A. Moins bête.
B. Plus intelligent.
C. Plus ouvert.
D. Plus cultivé.
E. Diabolique.

8. Que pensez-vous de l'adage selon lequel « on n'est jamais mieux servi que par soi-même » ?

A. Je n'en pense rien, cette question ne m'intéresse pas, tout comme l'ensemble de ce livre d'ailleurs.
B. Je ne sais pas quoi en penser, bien que la question m'intéresse et que ce livre soit vraiment passionnant, de bout en bout.
C. Je pense rarement et quand ça m'arrive, je prends conscience de la vacuité de mon existence.
D. Je pense que cette question questionne notre capacité à nous questionner sur des questions rarement posées, finalement. Quant à la réponse, je répondrais que si la question a été posée en ces termes, c'est que la réponse doit logiquement être dans la question. « On n'est jamais mieux servi que par soi-même... » Soi, m'aime... Aime, soi... L'amour même de soi... Servi soi-même...

9. Après la mort, vous aimeriez être ressuscité :

A. À Monaco.
B. Devant un monaco.
C. Dans Stéphanie de Monaco.

10. Lorsque vous faites le bilan de votre vie, lorsque vous « jetez un regard en arrière », vous vous dites :

A. Ce n'est pas trop mal, je m'en sors plutôt bien.
B. Finalement, à quoi bon tout ça ? Je n'ai rien réalisé de grand… Ma vie n'a pas de sens. Finissons-en.
C. Je dois me reprendre, donner du sens à mon existence. Quelque chose me manque.
D. Je n'ai pas encore tout essayé… Yallah, je vais sortir de mon quotidien d'esclave ! Je vais vivre à fond.
E. Je suis parfaitement à ma place, je suis épanoui(e). Mon parcours est celui d'un être sensible et aimant qui trouve son bonheur dans le partage.

11. Quand vous dites « mon frère », en général, vous :

A. Parlez à votre frère.
B. Prenez un accent pied-noir.
C. Faites l'amour à votre conjoint.
D. Vous apprêtez à arnaquer un touriste.

12. Selon vous, si Dieu existait, il serait plutôt du genre :

A. Sympa.
B. Parfait.

C. Bizarre.
D. Qui est une illusion.
E. Comme les autres.

13. Par qui niez-vous être le plus être excité ?

A. Votre grande sœur.
B. Votre petite sœur.
C. Ma sœur.
D. Votre masseur.
E. Sœur Emmanuelle.

14. La question du couple, pour vous, est centrale, parce que :

A. Une vie sans amour, c'est comme un resto chinois qui ne fait pas de nems. Et quand on nem…
B. Il y a forcément dans cette vie un être qui est fait pour moi et si je ne l'ai toujours pas rencontré, je dois tout faire pour, quitte à y dédier mon existence… Il y va de l'équilibre même de l'univers.
C. On est quand même mieux à deux pour supporter cette vie de merde dont on connaît déjà l'issue.
D. Il est bon de pouvoir passer ses nerfs sur quelqu'un que l'on connaît vraiment bien, ça évite les embrouilles extérieures avec des gens dont on ne connaît pas les réactions.
E. C'est naturel, c'est comme ça, c'est dans l'ordre des choses que de s'accoupler. Papa dans maman, le biscuit dans la tasse de thé, le tracassin dans la boîte à sucettes.

15. La question du couple, pour vous, est dérisoire, parce que :

A. Vivre avec la même personne plus d'une nuit est une absurdité, la preuve flagrante d'un manque de courage et d'imagination.
B. L'équilibre universel n'est pas figé. Seul le changement est stable. Il n'y a aucune fatalité, donc je ne vais pas croire en une quelconque logique invisible qui présiderait à la rencontre de deux êtres.
C. L'issue est fatale et la douleur de perdre un être que j'aurais aimé une vie entière m'inciterait plutôt à ne jamais m'attacher.
D. Je ne veux pas devenir une sorte de bourreau pour un être qui se devrait de supporter mes sautes d'humeur, mes problèmes gastriques et mes déviances alimentaires, sans compter mes penchants zoophiles.
E. C'est des conneries tout ça, on force les gens à vivre à deux pour leur vendre des baraques, des pulls blancs en laine épaisse et des charentaises.

16. Pour vous la crucifixion :

A. C'est un roman sur les mots croisés. (Cruci-fiction, jeu de mots niveau 7.)
B. C'est une vraie passion.
C. Ça ne vaut pas un clou.
D. Ça doit faire mal.
E. C'est drôle.

17. Devant un match de foot vous est-il déjà arrivé de :

A. Vomir.
B. Dessiner Gérard Depardieu.
C. Repenser au bon vieux temps.
D. Compter les Noirs sur le terrain.
E. Pardonner à votre pire ennemi.
F. Insulter Jacques Chirac.

18. D'ailleurs, si Jacques Chirac avait été votre compagnon de vie, quel reproche lui auriez vous adressé systématiquement au réveil ?

A. Pourquoi t'as pas voulu aller en Irak ?
B. Pourquoi t'as engueulé le service de sécurité israélien ?
C. Pourquoi tu me prends pour une conne ?
D. Tête de veau sauce gribiche ?
E. Mais c'est quoi ton problème avec les pantalons ?
F. Le bruit et l'odeur ? Super…

19. Le plaisir sexuel de la femme, c'est :

A. Une bonne chose
B. Hein ?
C. Une invention des gourous du marketing pour vendre des gros godes à cette bande de chiennes. C'est sale, c'est sale, c'est sale. Pouah, pouah, pouah, il faut que je me lave la bouche au Destop.

20. Si on vous dit « Dieu est mort », vous pensez :

A. Merde, on me dit jamais rien, je suis vraiment la dernière roue du carrosse.
B. Dieu a tous les pouvoirs donc il ne peut pas mourir, faut être con pour écrire ça.
C. À mettre à jour votre statut Facebook : #RIPGOD.
D. … Et c'est nous qui l'avons tué.

21. Pour vous, la femme, c'est :

A. L'incarnation parfaite de la grâce, de l'amour, du courage et du sacrifice.
B. Une saloperie comme une autre qui pense qu'à faire des régimes, trouver un connard friqué et qui est juste bonne à se reproduire et à nous faire chier avec ses règles douloureuses et que les hommes y savent pas ce que ça fait quand un gremlins de 5 kg passe à travers notre bassin.
C. Le mystère ultime, le paradoxe absolu.
D. L'égale de l'homme, ni plus ni moins. Enfin pas plus en tout cas.
E. Un objet de désir.
F. Une mère.

22. Pour vous, une prostituée, c'est :

A. Une femme comme une autre.
B. Une femme comme une autre, mais avec qui vous pourriez réussir à coucher si vous n'étiez pas à découvert.
C. Souvent un homme déguisé.

D. Une femme qui a perdu toute dignité.
E. Quelqu'un qui cherche Dieu à travers toute une série d'épreuves, de souillures, de maltraitances, courageusement assumées.
F. Peut-être votre mère.

23. Aimez-vous Hitler ?

A. Oui.
B. Non.
C. Je ne suis pas d'accord avec tout, mais…

24. Pour vous, un religieux, un prêtre, un imam, un rabbin, un moine bouddhiste, c'est :

A. Quelqu'un qui perd son temps à dire des conneries et qui le fait perdre aussi à ceux qui l'écoutent.
B. Un type habillé en robe.
C. Un escroc qui a trouvé le bon filon pour bouffer à l'œil sans rien branler – enfin ça, c'est ce qu'il dit.
D. Quelqu'un qui vit dans un autre monde, à une autre époque.
E. Un malade mental.

25. Parmi ces philosophes, lequel passe trop souvent à la télévision ?

A. Leibniz.
B. Descartes.
C. Spinoza.
D. Michel Onfray.

Partie II : D'où je viens…

Enfance, adolescence, souffrance, déviance, violence. Nous savons bien que personne n'a envie de revivre ces périodes au cours desquelles on vous oblige à côtoyer des gens qu'on n'aime pas forcément comme des parents ou des soi-disant amis. Personnes qu'on décide ensuite de continuer à voir régulièrement par lâcheté pour rester dans sa zone de confort. Pour pouvoir éradiquer tout attachement aux autres que Lui, il nous faut malheureusement revenir en arrière et retomber en enfance. Ça veut bien dire ce que ça veut dire : tomber ça fait mal et retomber, encore plus mal.

Cette partie du test, particulièrement redoutable, est divisée en deux : « L'enfance ou l'âge de la prière » et « L'adolescence ou l'âge de la perversion ». En effet, si vous aviez eu la chance d'avoir des parents fondamentalistes, nous n'en serions pas là. Petit, vous faisiez des prières sans en avoir l'air. Sans le savoir. Je veux un vélo, une console, un flingue… Si seulement on vous avait mis le Bon Dieu sous le nez au lieu du guignol habillé en rouge qui se balade en traîneau… À l'adolescence, on sait tous ce qu'on voulait. Un orgasme dégoulinant. Voilà bien l'âge de la perversion, gluant de moqueries, de vexations et de haine. Luisant de vérité. La vérité d'un monde sans âme, où tu te fais péter la gueule si t'es petit, entuber si t'es gentil, rejeter si t'es moche, humilier devant toute la classe si t'es con. C'est là que vous avez définitivement perdu la trace de Dieu.

26. Lorsque votre père (ou tuteur légal de sexe masculin), après avoir lu votre bulletin scolaire, vous faisait remarquer que vous étiez juste bon à lui briser les roustons, vous aviez envie de :

A. Lui demander pardon en jurant qu'à partir de maintenant, vous mettriez tout en œuvre pour faire de brillantes études et finir gynécologue comme lui.
B. Lui assener un coup de couteau dans le dos pendant son sommeil ou lorsqu'il beurrait le moule de maman (ou la tutrice légale) ou encore lui poutrait la boîte à Pyrénéens…
C. Lui faire remarquer que ses méthodes pédagogiques, à la limite de la connerie la plus crasse, ne risqueraient pas de vous aider à comprendre le cours de maths de cette tarée de Mme La Foumouque, dont la diction pâteuse, due à une consommation excessive d'alcool – due elle-même à une vie sentimentale pourrie, elle-même due à son incapacité à comprendre les hommes et leurs fantasmes – rendait inintelligible toute démonstration.

27. Lorsque vous entendiez vos parents (ou tuteurs légaux) se traiter de tous les noms en précisant que le fruit de leur mariage – le fruit, c'est vous – était aussi moche et con que lui ou elle et qu'il aurait mérité de ne jamais naître, vous aviez envie :

A. D'écouter votre artiste préféré en pissant sur votre nounours.
B. De manger du porc en sirotant un verre de lait de truie bien frais.
C. De boire un grand verre d'eau en faisant des bulles dedans.
D. De vous auto-circoncire sur-le-champ à l'aide d'une feuille de papier très fine en signe d'alliance avec un Dieu unique, omniscient et omnipotent puis de publier la vidéo sur les réseaux sociaux, qui malheureusement, n'existaient pas.
E. De prendre la décision d'aimer ces gens malgré leurs faiblesses.

28. Vous êtes enfant unique. Sinon, faites comme si vous l'étiez. Lorsque vos parents (ou tuteurs légaux) faisaient bruyamment l'amour en se disant des mots tendres – genre : grosse guenon, tu la sens, hein ? Tu la sens ? – Aviez-vous l'impression :

A. D'être une sous-merde.
B. De vous sentir devenir autre chose que ce pour quoi vous étiez fait. (Cette question peut ne rien vouloir dire, mais relisez l'avertissement, rien n'est laissé au hasard, bla bla… Si nous le voulons, nous pouvons même ouvrir une parenthèse sans la refermer.
C. D'être envahi par une chaleur partant du ventre jusqu'aux chaussettes – si vous dormiez avec, ce qui n'est pas très sain – pour enfin remonter dans le ventre et ressortir par la bouche en un vomissement de bile.

E. D'être fait pour les choses de l'esprit. (Il n'y a pas de D ici.)

29. Lorsque vous entendiez les cloches d'une église, l'appel à la prière ou tout simplement en voyant passer dans la rue un homme habillé en femme, vous ressentiez le besoin :

A. De lui demander l'heure.
B. De rester seul un long moment à penser à ce que serait devenue l'humanité, si on n'avait pas découvert un remède contre le scorbut.
C. D'imaginer la vie entre hommes uniquement ou femmes uniquement et comment tout cela se termine.
D. De courir à perdre haleine pour finir essoufflé avant d'explorer des parties de votre corps jusque-là réservées au médecin de famille.
E. De lire un texte sacré, quel qu'il fût.

30. Alors que vous étiez enfant, confronté pour la première fois à une scène violente – précisément un lynchage à la suite d'une partie de pétanque qui a mal tourné –, vous vous êtes dit :

A. Le danger est trop grand, je mesure 1 mètre, je ne vais pas m'en mêler, d'autant que je m'en fous un peu.
B. Ça ne me regarde pas, il ou elle n'est pas de ma famille, seuls les proches comptent à mes yeux.
C. Je suis tenté d'intervenir, je trouve cette situation intolérable, mais je mesure toujours 1 mètre.

D. C'est marrant d'être confronté à une injustice, j'espère que ça va encore plus mal se finir… J'aime la violence, en fait.
E. Je voudrais bien être à la place des agresseurs, ça doit être bon de faire du mal gratuitement et surtout impunément.

31. Qui vous a parlé de religion pour la première fois ?

A. Vos parents croyants.
B. Un autre membre de la famille.
C. Un(e) voisin(e) malveillant(e).
D. Un(e) ami(e) bienveillant(e).
E. Vous-même, seul(e) en entendant des voix.

32. Lorsqu'on a évoqué précisément avec vous la notion de Dieu pour la première fois, vous avez ressenti :

A. Un sentiment de culpabilité.
B. Une immense tristesse.
C. Une peur.
D. De la joie.
E. De la honte.
F. Une drôle d'odeur.

33. Lorsque vous fûtes confronté à la mort pour la première fois (un chat, un voisin, une grand-mère raciste, un aïeul pétomane…), face au corps inerte, la première idée qui vous vint à l'esprit, fut :

A. Punaise, ah la vache, oui quand même… c'est vachement court en fait la vie… Après une existence de merde, des douleurs insupportables et puis plus rien, c'est moche.
B. Il ou elle ne souffre plus, c'est l'essentiel… De là où il ou elle est, il doit bien rire de tout ça.
C. De toute façon, je ne l'aimais pas. J'espère qu'il ou elle va bien morfler en enfer… C'était une raclure.
D. Il ou elle est tout bleu, c'est normal ?
E. Tu parles d'un incendie… Ça a dû bien cramer on voit même plus son nez… Mais quelle idée de faire un barbecue dans une caravane.

34. Votre père, ou tuteur légal, essayait régulièrement de vous violer, pourquoi ?

A. Vous portiez votre tenue de louveteau.
B. Vous le méritiez.
C. Vous l'aviez mérité dans une vie antérieure.
D. Vous partagiez objectivement les mêmes passions.
E. C'était la faute de votre mère.

35. Lorsque vous vous faisiez vertement tancer – traduisez bien défoncer la gueule, mais verbalement – après avoir, comme tous les gamins du monde, innocemment essayé d'introduire un objet contondant dans l'orifice anal de l'animal domestique de la maison – le chat en général – que vos parents considéraient – à tort – comme un membre à part entière de la famille, vous aviez envie de :

A. Fuguer, en laissant une lettre dans laquelle vous auriez évoqué un suicide, histoire de bien faire peur à vos abrutis de parents.
B. Présenter des excuses sincères, tout en relativisant la portée d'un tel acte qui, selon vous, aurait pu s'apparenter à une expérience spirituelle comme une autre, puisque Dieu est amour.
C. De faire la même chose à vos parents, histoire de leur faire comprendre que les animaux ne sont pas l'égal de l'homme, mais bel et bien des esclaves, puisque depuis votre plus tendre enfance on vous force à les bouffer. Papa n'a rien contre le gavage des oies, mais s'insurge quand on sodomise le chat – toujours lui – avec un tournevis.
D. De vous enfermer dans votre chambre pour souhaiter le pire à vos parents en invoquant une entité maléfique quitte à pactiser définitivement avec les forces du mal.

Dieu Ado

Comme nous venons de le voir, l'enfance est le « moment privilégié » de toutes les frustrations. Le silence est le compagnon de l'enfant. Au cœur de ce silence, des croyances se forgent, des peurs émergent… C'est l'heure de toutes les découvertes. Les parents, croyants ou non, assistent à l'errance mystique d'un petit être qui est perméable à toutes les propositions spirituelles. Nous l'affirmons sans coup férir : l'enfant est un individu croyant, naturellement croyant. L'adolescent, quant à lui, se cherchera jusqu'à décider avant l'âge adulte s'il croit ou pas. Mais quoi qu'il en soit, la question ne le quittera jamais. On peut donc dire que le rapport que va entretenir l'adolescent avec ses croyances dépendra plus d'une posture que d'une conviction chevillée au corps ou à l'âme (qui selon nous n'existe pas)... Le doute ne va pas le quitter jusqu'à ce qu'il se persuade de l'existence ou non d'une force supérieure. Bref, si vous n'avez pas bien compris ces quelques lignes, mais qu'en même temps vous les avez trouvées classes, parce que percluses de ce ton docte que seuls les spécialistes savent prendre au moment des grandes révélations, vous êtes sur le bon chemin, dans la mesure où vous commencez à nous prendre au sérieux. Merci. Enfin, de rien, c'est quand même à vous de dire merci.

2. L'adolescence : l'âge de la perversion

36. Lorsque la plus belle fille (plus beau garçon) de la classe vous jetait un regard noir à l'énoncé des résultats d'un devoir où vous aviez brillé par votre nullité finissant bon dernier, vous aviez envie de :

A. Lui mettre un coup de tête dans sa gueule en lui expliquant que c'est pas une façon de regarder les gens et que la moindre des choses quand on est beau ou belle et qu'on est bonne (bon) à l'école, c'est de compatir, d'aider les plus faibles, surtout s'ils fantasment sur vous.

B. De lui faire un clin d'œil, genre : « Je l'ai fait express, je suis dans la connerie, j'adore faire le (la) débile. L'école, c'est fait pour ça. De toute façon, on va tous crever ça sert à rien tout ça le monde court à sa perte et franchement à quoi bon faire des études brillantes si c'est pour finir clochard quand tu vois qu'un joueur de foot il rachète quand il veut la gueule d'un énarque c'est quoi ce truc ça consiste en quoi on est là comme des cons alors qu'on pourrait s'éclater découvrir nos corps baiser comme des dingues on est des ados merde foutons le bordel la vie est courte et nous on est vachement heureux on est plein de vie les profs sont tous des vieux pourris du slip qui pètent toute la journée ils sont vieux ils ont les tuyaux pourris la prof de maths Mme Lafoumouque elle porte une couche Confort alors tu vois les études moi je m'en fous je suis libre je suis un rebelle suis un dingue même mon clin d'œil il est dingue tellement il dit des trucs ». Normalement, l'absence de ponctuation ne gêne en rien la lecture de ce qui précède.

37. La première fois que vous avez ressenti ce qu'il est convenu d'appeler un orgasme – en solitaire, de préférence – vous vous êtes dit :

A. C'est super ça !

B. C'est super ça, mais est-ce qu'il y a un nombre limité de « ça » et si oui, combien ?

C. Mais enfin, c'est dégueulasse ! Comment je vais laver le chat maintenant ? Il en a partout.

D. C'est bizarre, j'ai l'impression qu'on m'a vu(e)...

E. Tout ça pour ça ? Je vais faire de longues études spirituelles, je m'ennuie foutrement dans ce monde où les plaisirs terrestres, pour combler un vide existentiel, nous éloignent des merveilles de l'esprit. La fin est inéluctable et je ne vais pas gâcher mon temps en pratiques stériles qui, pour fonctionner comme un excellent antidépresseur – je ne le nie pas –, ne sauraient nous faire oublier que la mort nous attend tous. Je refuse ma condition d'esclave du plaisir immédiat, et même si je vais le refaire ce soir pour la dernière fois, dans le but de bien m'en dégoûter, je décide de prendre mes responsabilités et je m'engage à me tourner définitivement vers Dieu, quel qu'il puisse être. Je n'ai pas encore choisi pour l'instant. Mes parents sont athées. (Si vos parents étaient des bons religieux, vous ne seriez pas là.) Dommage qu'il n'existe pas un livre dont le titre pourrait être *Bien choisir sa religion avant la fin du monde*, une sorte de guide spirituel qui, construit autour d'un QCM, nous permettrait de savoir qui nous sommes dans le fond et quel Dieu prier. Un jour, peut-être, ce livre verra le jour et ce jour-là sera béni, ainsi que les auteurs du livre en question.

38. Lorsque vos amis vous proposaient une virée nocturne dans un cimetière dans le but clairement défini de déterrer des cadavres et de leur faire subir des outrages *post mortem* que même Béatrice Dalle aurait trouvés inconvenants, vous aviez tendance à trouver ça :

A. Horrible.
B. Horrible en dehors des soirs de pleine lune.
C. Intéressant d'un point de vue strictement scientifique, l'analyse des corps en état avancé de putréfaction constituant pour vous une activité aussi noble que la masturbation ou le visionnage régulier d'émissions culinaires où le cuisinier s'évertue à martyriser des cadavres d'animaux en prenant un malin plaisir à les faire mijoter dans leur propre sang.
D. Aussi puéril que morbide.
E. Très dangereux, la peur d'une vengeance diabolique ou autre vous interdisant toute activité liée de près ou de loin aux choses de la nuit.
F. Consternant, d'autant que les êtres humains, comme les animaux, méritent de reposer en paix et surtout de participer à un cycle infini où la mort nourrit la vie, se sublime dans ses états divers jusqu'à se réincarner selon les principes karmiques.

39. À l'âge où votre corps se transformait et où l'enfant que vous étiez se métamorphosait pour devenir l'adulte que vous êtes aujourd'hui, étiez-vous charnellement attiré par des personnes plus âgées et, si oui, parce que :

A. Le corps des gens qui ont la trentaine est beaux, épanouis.
B. C'est beau le corps de quelqu'un qui a passé la quarantaine, y a de la poésie là-dedans… Ils ont une sacrée expérience en plus. Le plaisir qu'ils prennent à explorer des corps plus jeunes les rend plus sensibles au plaisir de l'autre… Ils sont moins égoïstes quoi.
C. Le corps très très mûr, limite vieux, est le reflet d'une âme qui a traversé la vie et ses vicissitudes. Voilà quelqu'un qui en sait long sur l'existence et ses turpitudes… Il y a beaucoup à apprendre à son contact.
D. Les corps quasiment décharnés sont ceux d'êtres éthérés qui ne sont presque plus de ce monde, ils sont déjà de « l'autre côté ». Ils sont en contact intime avec la mort qui vient. La sagesse est leur bâton de vieillesse.

Si non, parce que :

A. C'est beau la jeunesse, les jeunes femmes ont le corps ferme et sont fertiles et les jeunes hommes sont forts et durs à l'effort et ont l'âge de se battre !!!

40. À l'orée de l'âge adulte, à la frontière de tous les possibles, là où tant de chemins s'offraient à vous en un labyrinthe de routes, de chemins de traverse, en un dédale de demains... bref, au début de cette saloperie d'existence qui offre finalement une seule issue, la tombe, vous est-il arrivé de penser au suicide et, si oui, parce que :

A. Vous vous sentiez différent(e), incompris(e), moche, con(ne), mal proportionné(e).
B. Vous trouviez que cette vie faite de labeur, de souffrance et d'éjaculations précoces (pour les jeunes femmes aussi puisque premières victimes) n'avait pas de sens, finalement.
C. Vous considériez que le seul fait d'avoir pour parents des gens pauvres, sales et incestueux constituait en soit un très lourd handicap.
D. Vos propres odeurs corporelles vous indisposaient.

Partie III : Que faire ?

Comme nous l'avons assez brillamment démontré dans notre introduction, le doute est de mise et aucun être humain, aussi rétif – dans l'acception littéraire du terme – soit-il, ne peut affirmer que Dieu n'existe pas, sauf nous. Pas question pour nous de vous forcer à devenir croyant : nous voulons faire de vous un stratège. Il est temps de passer à l'action. La dernière partie de ce test est la plus palpitante. Un test de comportement face à des situations extrêmes, certes, mais qui sont pourtant tirées de nos propres expériences sur la voie de la tartufferie. Nous vous recommandons de basculer en état de transe hypnotique si vous en avez la possibilité. À défaut, utilisez un cocktail antidépresseurs-alcool afin de vous détendre. Au pire, tentez de vous aveugler avec une lampe qui clignote.

41. Votre patron ou équivalent vous explique que, la veille, il s'est éclaté en voyant son équipe de foot favorite étriller le FC Lorient en trente-deuxième de finale de la Coupe de France, vous êtes tenté de lui dire :

A. C'était juste une formalité pour une équipe qui compte dans ses rangs un des meilleurs joueurs du monde payé 20 millions d'euros par an.
B. C'est un match arrangé. Une grosse magouille.
C. Que, quoi qu'il en soit, il faudrait quand même penser à autre chose qu'au foot, à considérer le fait que la boîte est quasiment en faillite et que vous n'avez pas été payé depuis quatre mois et que, du coup, votre femme (votre mari) vous a quitté et que depuis vous faites l'amour avec une peluche.
D. Que c'est le destin et que dans le foot, comme ailleurs, c'est Mektoub !
E. Que le foot n'est pas votre sport favori d'autant que les joueurs ne respectent pas les injonctions de l'arbitre.
F. « Vivre, c'est perdre du terrain », citant ainsi la célèbre phrase de Cioran en le regardant bien dans les yeux. Cioran qui s'appelait Emil

Michel, ce qui nous fait penser à Henri Émile, ex-intendant des Bleus et Henri Michel, ex-entraîneur des Bleus. Ça fait beaucoup de coïncidences quand même.

42. Toujours sur votre lieu de travail, si un(e) de vos collègues vous informe qu'il (elle) a été viré(e) suite à la découverte de ses pratiques onanistes dans les vestiaires des dames, vous lui conseillez de :

A. Prendre un avocat.
B. Manger des avocats plus souvent, c'est bon pour sa santé bucco-vaginale.
C. Prendre un avocat, mais par derrière.
D. Surtout ne pas prendre d'avocat, ne prendre personne ! Faire le mort un temps et surtout prier.
E. Faire plus de sport et accepter le changement de vie professionnel. Se tourner vers l'Éducation nationale qui accepte n'importe qui.

43. Votre enfant (si vous n'en avez pas, enlevez-en un) vous demande de lui expliquer comment il est venu au monde, vous avez tendance à :

A. Le battre.
B. Lui expliquer de façon précise les étapes préalables à la fécondation de votre femelle.
C. Lui dire d'aller se faire foutre une bonne fois pour toutes.
D. Le renvoyer à une lecture savante ou juste un cours d'anatomie *via* Internet, prétextant des

règles douloureuses, pour vous madame ou une crise de priapisme, pour vous monsieur.

E. Lui expliquer que tout n'est qu'amour et qu'il ou elle est arrivé comme ça parce que ça devait se produire et que, de toute façon, plus on se pose des questions et moins on avance dans la vie.

44. Pour séduire Claire, votre voisine de bureau qui est gaulée comme une vraie bonnasse, vous avez décidé de vous offrir un smartphone hors de prix. Vous savez que Claire, en bonne bonnasse, est une sacrée vénale et que seuls des signes extérieurs de richesse peuvent lui mettre la puce à l'oreille. Vous n'avez pas une tune donc vous empruntez auprès de votre meilleur ami. Tout compte fait, vous lui demandez une plus grosse somme, histoire de profiter de la vie. Bingo, le smartphone dernier cri fait son effet et très bientôt la bonnasse vous demande comment vous avez fait pour vous l'offrir, sachant qu'elle sait exactement combien vous gagnez puisqu'elle gagne juste un peu moins que vous. Vous mentez en lâchant, l'air triste : « Mon grand-père vient de caner, cette vieille enflure qui a passé sa vie à pourrir celle de ma mère, je suis même sûr qu'il y a une histoire d'inceste… Bref, je viens d'hériter de ce vieux connard. Je suis blindé maintenant. Je ne sais pas quoi faire de tout ce pognon. Oh, bien sûr j'ai bien pensé à léguer toute cette caillasse à des associations caritatives, mais je n'en connais pas de fiables. Tu en connais, toi ? » La bonnasse hésite, puis vous tend son RIB en vous expliquant qu'elle s'occupe d'une association caritative mais que pour l'instant l'argent transite sur son compte. Vous faites mine de la croire, et vous lui demandez quand même une petite gâterie avant de faire le virement. Rebingo, la bonnasse vous propose de passer chez elle, le soir même… Vous êtes maintenant en couple avec Claire qui pense que vous êtes pété de fric. Le temps passe et vous repoussez l'échéance pour cette histoire de virement, mais vous lui offrez des cadeaux en empruntant toujours plus à votre meilleur ami. Oui mais voilà, celui-ci vous demande de le rembourser *because* lui-même emprunte à un de ses amis biélorusses… Vous le menez en bateau, les jours passent et votre ami insiste lourdement. Le jour où vous présentez la bonnasse à votre famille elle présente, elle, ses condoléances à votre mère qui ne comprend rien à cette histoire de grand-père décédé vu que son père est mort en 1972. La bonnasse comprend que vous êtes un mytho et s'apprête à quitter la maison familiale quand elle est violemment repoussée à l'intérieur par votre meilleur ami qui est lui-même poussé à l'intérieur par trois types à l'accent biélorusse. La suite ne se raconte pas. Sachez simplement que le Biélorusse vous propose gentiment de violer un membre de votre famille à la place d'un remboursement improbable des sommes dues. C'est du gagnant-gagnant. Vous choisissez[1] :

1. Si vous n'avez pas de famille, faites preuve d'imagination…

A. Votre sœur.
B. Votre père.
C. Votre frère.
D. Votre fils.
E. Votre fille.

45. Vous êtes perdu dans le désert depuis une grosse semaine, à la suite d'un rallye mal organisé. Par chance, un joyeux Bédouin surgit d'entre les dunes et vous propose de le suivre dans sa tente. Après vous avoir forcé à boire deux gourdes d'eau en peau de bête – l'hospitalité légendaire de ces gens, à la fois si simples et tellement bizarres quand on ne parle pas leur langue faite essentiellement de *ralllaaaa rarrraa-arrallaua,* vous interdit de refuser –, il vous tend un verre de lait de chamelle et, dans un geste large – il se la pète un peu –, il vous indique une table basse sur laquelle sont disposés cinq plats. Le Bédouin qui commence à être collant (en même temps, il est chez lui) vous demande de choisir, entre :

A. Une fricassée de rognons aux cèpes de Thionville.
B. Un pied de porc.
C. Des noix de St-Jacques à la bisque de homard. (Ah, oui, au fait, nous sommes un vendredi et le soleil est couché…)
D. Un couscous boulettes (dont il prétend qu'il a été préparé par votre mère ???).
E. Une assiette de quinoa.
F. Un plat chinois bizarre à base de bœuf.

46. Incroyable mais vrai, dans une fièvre œcuménique due à un empoisonnement aux dragées périmées, le pape Bonnard, l'imam Allahbel'Vi et rabbi Yeppour Liv'er (rabbin dont le prénom est en réalité John-John), viennent de rendre l'abus d'alcool et de marijuana non seulement compatible avec les religions monothéistes, mais même recommandé vingt-sept fois par jour en direction d'Amsterdam. Vous décidez :

A. De racheter tous les magasins d'objets funéraires situés en face des églises, mosquées et synagogues pour y ouvrir des coffee-shops.
B. De vous engager dans l'armée de Terre pour mener une vie simple, loin des paradis artificiels.
C. Que c'est un piège grossier de la CIA.
D. D'arrêter la drogue, c'est moins drôle si c'est autorisé.

47. Vous entrez dans un charmant commerce de proximité à plus de deux heures du matin alors qu'une bouteille de votre boisson anisée favorite à peine entamée vous attend à la maison. Vous découvrez, non sans effroi, que le patron refuse de vous vendre des gâteaux apéritif. Non pas qu'il n'en ait plus ! Mais ce chacal ne veut pas vous en vendre, à vous, c'est tout. Il vous nargue même devant un rayon entier de biscuits salés. Ce malade pervers prend son pied en mangeant doucement un mélange cocktail composé de noix de cajou, cacahuètes et raisins secs. Malgré votre insistance, ô combien légitime, ce sac à vomi usagé refuse même de vous donner ses raisons. Il se contente de sourire sans rien dire. À bout, vous le traitez de :

A. Grosse coquine (quand vous découvrez qu'il s'agit en réalité de votre diététicienne. Elle essayait juste de vous aider à réduire votre consommation de sel. Une leçon que vous n'oublierez pas de sitôt).
B. Sale juif (alors qu'il a une tête d'Arabe).
C. Sale Chinois (mais enfin, il est vietnamien).
D. Sale Arabe (alors qu'il a une tête de juif).
E. Judas (ce qu'il prend forcément très mal).

48. Vous discutez avec votre vieil oncle catholique qui a fait l'école polytechnique de Dôle. Celui-ci tente de vous démontrer, non sans habileté, grâce à un croquis réalisé avec une merguez sur un set de table, que si, c'est possible, si l'eau était assez salée et que Jésus chaussait au moins du 83 et ne pesait pas plus de 22 kg, alors, oui, il a physiquement pu marcher sur l'eau, la science est formelle… Vous :

A. Avez envie de faire du ski nautique.
B. Avancez votre propre théorie : Jésus faisait super bien la planche et on aurait ensuite grandement exagéré la chose.
C. Vous demandez quand même l'intérêt de marcher sur l'eau, en dehors de se la péter devant ses potes, quand on peut voler, se téléporter et qu'on a le don d'ubiquité.

D. Estimez que les théories de votre oncle mériteraient la consécration suprême du XXIe siècle, l'équivalent moderne d'une publication dans la Pléiade : un blog.

49. Quand on vous dit : « Darwin, ce gros mytho, comme si l'homme descendait du singe, hein ? Hein, t'as vu ? Hein ? Tocard. » Vous répondez : « Évidemment, gros, que l'homme ne descend pas du singe, hein, t'as vu ! » D'ailleurs :

A. Ça se voit quand même.
B. Qui ça intéresse ? Il y a des choses qu'il vaut mieux ne pas savoir.
C. Nous descendons d'Adam.
D. Nous descendons à La Motte-piquet pour prendre la 8.
E. Darwin n'a jamais dit ça ! Le singe est notre cousin : nous avons un ancêtre commun avec lui selon la théorie de l'évolution (c'est-à-dire la théorie expliquant l'évolution. Car l'évolution en elle-même n'est pas une théorie, elle est attestée par une myriade de preuves réunies par des générations de scientifiques).

50. Votre jumeau secret est juif. Alors que vous accomplissez ensemble une vengeance sanguinaire contre vos familles d'accueil respectives, il vous demande de gratter l'allumette qui va enflammer le kérosène que vous avez répandu autour de la caravane qui retient prisonnier son père adoptif. En effet, vous dit-il, c'est chabbat. Vous décidez de :

A. Lui dire ce que vous avez sur le cœur : puisqu'il pense que cet acte est un affront direct envers Dieu, comment ose-t-il vous demander de le faire à sa place ? Votre sort lui importe donc si peu ?

B. Lui dire que vous êtes juif aussi, même si ce n'est pas tout à fait vrai, afin de vous rapprocher. Vous posez ensuite une loupe en équilibre contre une pierre afin de déclencher l'incendie en concentrant les rayons solaires évitant ainsi toute intervention directe.

C. Le démasquer. Vous savez qu'il s'est goinfré de saucisson en jouant à Pokémon GO samedi dernier. Les traces de gras et de sel sur l'écran de son smartphone sont sans appel. Son plan était de réussir à avoir vos empreintes sur l'allumette pour vous faire chanter.

D. Lui demander s'il trouve logique de buter des gens sans problème mais de ne pas vouloir gratter une allumette parce qu'on est samedi.

51. Les congés approchent, vous n'avez toujours pas décidé où vous allez passer des vacances forcément méritées. Vous contactez une amie qui travaille dans une agence de voyages. Enfin, une amie… Il s'agit d'Ursula qui est à l'origine de votre rupture avec Mahmoud (que vous soyez homme ou femme). Mais bon, c'est un cas de force majeure. Celle-ci comprend très vite que vous l'appelez pour lui demander un service, mais elle doit se racheter et vous propose trois destinations. Laquelle choisissez-vous ?[1]

A. Brest.
B. La vallée des rois.
C. La Plaine Saint-Denis.
D. Lourdes.

666. Après une succession de rebondissements tragi-loufoques, vous reprenez connaissance dans le salon très privé du bar-dancing *Der Sodom* avec le pénis d'un homme politique d'extrême droite qui durcit lentement dans votre bouche. Cerise sur le facho, vous êtes encerclé par une trentaine de skinheads nus et surexcités par un tournoi de karaoké. Alors qu'ils interprètent, non sans ironie, « L'Envie d'aimer », extrait de la comédie musicale *Les Dix Commandements*, votre conjoint(e) débarque avec Mahmoud, votre ex. Quel est votre plan ?

A. Utiliser un trombone pour déclencher un premier court-circuit qui vous permettra dans l'obscurité temporaire d'atteindre le tableau électrique situé derrière le coin-cuisine. Vous pourrez alors opérer un véritable sabotage, à l'aide d'une antenne râteau et d'une passoire en inox, déclenchant un incendie vous laissant vous échapper dans la confusion générale.
B. Hurler « Heil Hitler », provoquant immédiatement une salve de saluts nazis. Le petit groupe

1. Il y a quatre réponses et Mahmoud est une femme, fort séduisante d'ailleurs.

étant en cercle, les skinheads se crèveront mutuellement les yeux avec les ongles de leurs mains tendues. Avec l'aide de Mahmoud, qui fait partie du Mossad, vous n'aurez plus qu'à récupérer la sixième et inconnue version du *Cri* de Munch, volée par les nazis et jusqu'alors détenue secrètement par vos « amis ».

C. Vous rendre invisible grâce à un astucieux jeu de miroirs.

D. Tout était prévu ! Mahmoud et votre officiel(le) se joignent à votre joyeuse ronde. Au terme de votre viol collectif, Mahmoud, qui a vraiment un bel organe, interprète brillamment « Le Blues du businessman ». En apprenant que Mahmoud est « d'origine », les skinheads, soufflés par son talent, décident de lire Voltaire. Bravo. Bien joué.

Réponses à (toutes) vos questions

Enfin, vous y êtes. Bravo. Vous avez su faire preuve de courage, et pas n'importe lequel, le plus remarquable de tous : le courage exprimé par un lâche. Quelle gloire y a-t-il en effet à être courageux quand on est fier et noble ? Alors que vous, vous avez dû surmonter vos innombrables peurs et préjugés. Vous avez eu le courage de fuir devant le surnombre, le courage d'éviter tout débat avec ceux qui ne changeront jamais d'avis, le courage de devenir l'un des premiers pratiquant non-croyants pour moquer la formule croyant-non-pratiquant si chère à tous ceux qui ont l'audace de nous faire croire – oui, nous faire croire – que Dieu existe et qu'il est plutôt cool.

D'ailleurs, avant de passer à votre révélation, pour laquelle apparemment aucun ange n'était dispo et n'a souhaité faire le déplacement, nous souhaitons vous donner un conseil. Tournez systématiquement votre haine vers ces « croyants mous », vous n'en serez que plus établi et plus respecté dans votre religion. Lorsqu'un pseudo-catholique vous affirme que le Nouveau Testament est avant tout une leçon d'amour qui a traversé les siècles, demandez-lui tout de suite s'il pense que Jésus a ressuscité. S'il hésite, fustigez-le en lui recommandant de se choisir une leçon de vie ailleurs et de laisser ceux qui s'y connaissent un peu tranquilles. Lorsqu'un soi-disant juif vous dira qu'il ne respecte pas le chabbat pour emmener le petit David au judo en voiture, demandez-lui s'il estime que Dieu est descendu en personne graver les Dix Commandements dans deux tables en pierre pour que le premier Hébreu venu s'estime en droit de négocier avec lui. Lorsqu'un musulman modéré vous explique que sa religion est une véritable et merveilleuse inspiration, une manière de se transcender, une ode à la vie, demandez-lui ce qu'il pense de la faim dans le monde, de la guerre et du virus Ebola. S'il hésite une seconde, faites-lui remarquer que tout est écrit et que ce qui est arrivé devait arriver car c'était la volonté d'un Dieu parfait, non ? Qui est-il pour juger ? Si un bouddhiste libéral vous affirme que sa religion est une « philosophie », demandez-lui si oui ou non, le Bouddha est resté assis sans bouger sous un arbre pendant des semaines sans eau courante ni même un bon bouquin. Oui ou non ? S'il bégaie, rappelez-lui que tout le monde ne peut décidément pas suivre la voie du Bouddha. Enfin, lorsqu'un ersatz d'hindouiste vous explique que c'est du folklore, c'est plus pour faire des jolies fêtes, avec des jolies couleurs et manger avec les doigts, répondez-lui calmement qu'il va se réincarner en mouche, scotchée aux fesses d'une vache sacrée. Ils se croient à l'hôtel ? Mais justement, la religion, c'est un autel !

Reprenons notre calme. Votre impatience doit être grande. Muni de votre foi toute neuve, vous allez bientôt pouvoir persécuter les autres à votre tour. N'attendez plus, il est grand temps de découvrir votre religion. Vous l'avez bien méritée. Tout le monde l'a bien méritée.

Comment décoder les résultats de votre test ?

Si vous n'êtes pas Asperger, munissez-vous d'abord d'un crayon de papier. Nous vous conseillons ensuite de photocopier la grille de résultats v6.66 que vous trouverez sur les deux pages suivantes.

Vous découvrirez ensuite pour chaque question les points, positifs ou négatifs, attribués par religion à chacune de vos réponses. Ces points se présentent sous la forme -2C, -1I, 0H, +1B, +2J. Dans cet exemple, cela signifie que vous avez obtenu -2 points de christianisme, -1 point d'islam, 0 point d'hindouisme, 1 point de bouddhisme et 2 points de judaïsme. Reportez avec soin chacune de ces valeurs, il en va quand même de votre vie future *ante* et *post mortem*. Faites ensuite la somme de chacune des colonnes. Telle l'étoile du Berger, le total le plus élevé vous indiquera enfin et pour toujours votre religion.

Grille de résultats v6.66

Question/ Religion	C	I	H	B	J
1					
2					
3					
4					
5					
6					
7					
8					
9					
10					
11					
12					
13					
14					
15					
16					
17					
18					
19					
20					
21					
22					

23					
24					
25					
26					
27					
28					
29					
30					
31					
32					
33					
34					
35					
36					
37					
38					
39					
40					
41					
42					
43					
44					
45					
46					
47					
48					
49					
50					
51					
52					
666					
Total					

Points attribués par question

1.

A. +1C, +3I, +1H, +1B, +2J
B. +1C, +5I, +5H, -1B, +1J
C. -25000C, -25000I, -25000H, -25000B, -25000J

2.

A. +3C, -80I, -16H, -22B, -80J
B. +2C, -80I, -3H, -3B, +1J
C. +5C, -150I, -20H, -25B, -80J
D. +100C, -5I, 0H, +60B, -5J
E. -25C, -250I, -25H, -4000B, -120J
F. 0C, 0I, +25H, 5B, 0J

3.

A. +5C, +20I, +20H, -15B, -1J
B. +10C, +10I, +10h, -10B, +30J
C. -5C, -5I, +5H, +30B, -100J
D. -5C, -5I, -5H, -5B, +30J

4.

A. -7000C, -7000I, +15H, -7000B, -7000J
B. +7000C, +7000I, -15H, +7000B, +7000J

5.

A. +16C, +1I, -5H, 0B, +1J
B. +2C, 0I, -12H, 0B, +40J
C. + 30C, +30I, +50H, +2B, -120J

6.

A. 0C, -30I, +7H, -69B, +2J
B. +37C, +123I, -12H, -42B, -4J
C. +4C, -6I, -9H, +4B, +3J
D. +4C, +39I, -28H, -104B, +17J
E. +108C, +201I, 0H, 0B, +65J

7.

A. -666C, -666I, +6H, +6B, +66J
B. -666C, -666I, +6H, +6B, +66J
C. -666C, -666I, +6H, +6B, +66J
D. -666C, -666I, +6H, +6B, +66J
E. +666C, +666I, -666H, -666B, +66J ET -66J

8.

A. -12C, -15I, +27H, +250B, -60J
B. +12C, +15I, -27H, -250B, +60J
C. +25C, +15I, -12H, -969B, -27J
D. 0C, 0I, 0H, +25B, +180J

9.

A. +3C, -3I, +5H, -45B, 0J
B. 0C, -34I, 0H, -2B, 0J
C. +2C, -2I, 0H, -5B, +2J

10.

A. -25C, -13I, +67H, -35B, +55J
B. -900C, -901I, -1H, +7B, -11J
C. -99C, -128I, +84H, +64B, +5J
D. -47C, -85I, -34H, +95B, +4J
E. +12C, +708I, -42H, -7B, +997J

11.

A. 0C, 0I, 0H, 0B, 0J
B. +1C, +1I, -2H, -5B, +20J
C. +16C, +2I, 0H, -15B, +17J
D. -35C, +18I, +22H, +20B, -22J

12.

A. +19C, -60I, +4H, 0B, -17J
B. +11C, +1023I, -411H, 0B, -402J
C. -301C, -1I, +401H, 0B, +701J
D. -250C, -780I, +16H, +2024B, -123J
E. +99C, -4256I, -87H, +16B, +12J

13.

A. +95C, +95I, +95H, -4B, -39J
B. +162C, +157I, +127H, 0B, -13J
C. +44C, +55I, +16H, -47B, +89J
D. -21C, -407I, -48H, -85B, -12J
E. +203C, -148I, +185H, -39B, -7J

14.

A. +13C, -11I, +37H, -234B, +29J
B. - 87C, -275I, +62H, -1258B, -2J
C. +197C, +102I, +101H, -99B, +57J
D. +33C, +222I, +162H, -27B, -23J
E. +1C, +2I, +635H, -831B, +258J

15.

A. -3200C, +333I, +120H, +23B, +7J
B. -1200C, +16I, +250H, +4700B, -22J
C. -1441C, -307I, -136H, +1500B, -31J
D. -5C, -7I, +8H, +7B, -3J
E. -9C, -23I, -4H, +41B, -21J

16.

A. -2000C, +57I, +163H, -1B, +137J
B. +3333C, -99I, -127H, -4B, -167J
C. -2703C, -19I, +3H, -9B, +187J
D. +12C, +25I, -11H, -306B, -3J
E. -1800C, +2I, +2H, -24B, +17J

17.

A. +3C, -8I, 0H, 0B, -7J
B. +4C, +187I, -1H, -36B, +6J
C. +2C, +1I, -1H, -85B, +7J
D. -250C, +2I, +1H, +5B, +5J
E. +2C, -5I, -10H, +1300B, +765J
F. -70C, +12I, +11H, -233B, +88J

18.

A. +16C, -87I, -21H, -53B, +54J
B. -17C, -19I, 0H, +26B, +87J
C. -13C, -11I, -4H, -128B, +12J
D. +27C, -4I, -1268H, -264B, -4J
E. -41C, +2I, +8H, -4B, +47J
F. -7C, +99I, +2H, +13B, -11J

19.

A. -620C, -876I, +365H, -1500B, +1J
B. +148C, +257I, -120H, +500B, -1J
C. +203C, +398I, -158H, +73B, -84J

20.

A. -99C, -34I, +28H, -14B, -8J
B. +1800C, +2500I, -2H, -16B, +168J
C. +24C, +21I, +1H, +9B, -1J
D. Changez de réponse, arrêtez de faire le malin.

21.

A. +41C, +84I, +3H, -241B, +58J
B. +47C, +84I, -3H, +13B, +13J
C. -4C, -41I, +681H, -994B, +9J
D. +8C, -11I, -28H, -44B, +1J
E. -999C, -999I, +999H, -2222B, +69J
F. +324C, +587I, +447H, -2B, +803J

22.

A. -15C, -41I, -85H, +50B, -8J
B. -4C, +2I, +7H, -35B, -45J

C. +15C, +9I, +41H, +95B, -2J
D. +5C, +34I, +66H, +59B, +1J
E. +12C, -2I, -7H, -28B, +16J
F. +8C, -5I, -74H, +24B, +4J

23.

A. -1C, +1I, 0H, -621B, -2500J
B. +1C, 0I, 0H, +1B, +1999J
C. +54C, +84I, 0H, -85B, -4000J

24.

A. -120C, -700I, -4H, +1B, -3J
B. +2C, +3I, +2H, +5B, +2J
C. -44C, -69I, +141H, +327B, +11J
D. -14C, +623I, +16H, +412B, -8J
E. -65C, -250I, +27H, -35B, +7J

25.

A. +666C, +666I, +666H, +666B, +666J
B. +666C, +666I, +666H, +666B, +666J
C. +666C, +666I, +666H, +666B, +666J
D. +666C, +666I, +666H, +666B, +666J

26.

A. +12C, -7I, -9H, -11B, +84J
B. +9C, +4I, +3H, -16B, +12J
C. -11C, +62I, -17H, -39B, +47J

27.

A. +7C, -12I, -9H, -48B, +13J
B. +16C, -87I, -62H, +289B, -94J
C. +16C, +35I, -4H, +4B, +38J
D. -68C, +399I, -980H, -775B, +412J
E. +16C, +9I, +25H, -5B, +2J

28.

A. +136C, +98I, -21H, -36B, +2J
B. +7C, +7I, -15H, -2B, -8J
C. -135C, +101I, -28H, +329B, -8J
D. 0C, 0I, 0H, 5000B, 0J
E. +57C, +9I, -8H, +85B, -6J

29.

A. +16C, +25I, -2H, -4B, +27J
B. +16C, +9I, -4H, +25B, +36J
C. -65C, -165I, +82H, -182B, -1J
D. -3C, -2I, +16H, -35B, +9J
E. +150C, +751I, +6H, +83B, +98J

30.

A. +44C, -16I, -83H, +89B, -28J
B. -20C, 0I, +7H, -35B, -2J
C. +2C, +5I, +9H, -82B, +16J
D. -7C, -5I, -1H, -46B, -2J
E. -12C, -2I, -3H, -81B, -1J

31.

A. +25C, +35I, +45H, -100B, +45J
B. +15C, +25I, +35H, -50B, +35J
C. +37C, +83I, -3H, +34B, +16J
D. +4C, +4I, -5H, +4B, -3J
E. +187C, +231I, -203H, -289B, +238J

32.

A. +77C, +12I, -43H, -58B, +7J
B. +3C, -19I, -29H, +39B, +13J
C. -25C, +87I, +62H, -36B, +67J
D. +20C, +60I, +104H, -94B, +11J.
E. +7C, -30I, -30H, -6B, +37J
F. -4C, -9I, -7H, -6B, -8J

33.

A. +13C, +103I, -89H, -127B, +35J
B. +31C, +67I, -14H, -35B, +45J
C. +27C, +703I, -45H, -69B, -24J
D. +5C, -4I, +37H, +46B, +103J
E. +29C, +29I, -35H, -48B, -56J

34.

A. +109C, -47I, -62H, -45B, +16J
B. +12C, +63I, +71H, -46B, +9J
C. -837C, -786I, +1403H, +957B, -807J
D. +7C, +31I, +47H, -125B, +9J
E. -7C, -35I, -81H, +196B, -201J

35.

A. -39C, -47I, -154H, -2B, +12J
B. +58C, -9I, +21H, -9B, -16J
C. -28C, -4I, +102H, +3B, +16J
D. -28C, -39I, -209H, -1001B, -42J

36.

A. +2C, +99I, -5H, -365B, +33J
B. +62C, -32I, -45H, +1B, +1J

37.

A. -21C, -39I, +83H, -38B, -7J
B. -8C, +3I, +7H, +2B, +25J
C. +42C, +34I, -112H, -47B, -98J
D. +9C, +18I, -57H, -63B, +27J
E. +77C, +77I, +77H, +77B, +77J

38.

A. +37C, +48I, -19H, -38B, +39J
B. -27C, -8I, -16H, -52B, -3J
C. +16C, +25I, -2H, -4B, +27J
D. +8C, +31I, 0H, 0B, +9J
E. +79C, +238I, -11H, -89B, +2J
F. -67C, +-89I, +833H, +487B, -114J

39.

A. +54C, +33I, +102H, -308B, +14J
B. +33C, +54I, +102H, -307B, +16J

C. +28C, +53I, +102H, -306B, +13J
D. +11C, +11I, +102H, -305B, +12J

Si non, parce que :

A. -8C, +82I, +102H, -309B, +67J

40.

A. +21C, -37I, -9H, -64B, +18J
B. -5C, -55I, -2H, +498B, +2J
C. +8C, -7I, -24H, -83B, +28J
D. +1C, +1I, +1H, -1B, +1J

41.

A. +84C, -186I, -312H, -287B, -128J
B. +1C, -20I, -282H, -301B, +19J
C. +35C, -11I, +29H, -41B, +66J
D. +4C, +1028I, -108H, +107B, +8J
E. +31C, -107I, +309H, -10B, -81J
F. -8C, -4I, -31H, +7B, +1J (Attention quand même, on a failli vous mettre un carton rouge pour la citation de Cioran mais, considérant que vous ne la compreniez pas, nous avons choisi d'être indulgents.)

42.

A. +3C, +2I, +4H, -48B, +14J
B. +1C, +3I, +15H, +18B, +5J
C. -82C, -368I, +81H, -28B, -1J
D. +97C, +64I, -14H, -9B, -1J
E. +83C, -5I, -7H, -7B, -2J

43.

A. +9C, +14I, -19H, +25B, -4J
B. -28C, -67I, +105H, -404B, +4J
C. -3C, +2I, -29H, +3B, +8J
D. -18C, -42I, -2H, -38B, +63J
E. +78C, +73I, -41H, -20B, +4J

44.

A. -8C, -25I, -2H, -99B, -1J
B. -103C, -117I, -7H, -99B, -111J
C. -27C, -44I, -7H, -99B, -32J
D. -31C, -32I, -7H, -99B, -2J
E. +14C, -7I, -2H, -99B, +1J

45.

A. +58C, -39I, -189H, -13B, -35J
B. +82C, -108I, -95H, -17B, +127J
C. +76C, +24I, -29H, -25B, -60J
D. +25C, +250I, -125H, -35B, +199J
E. +8C, +35I, +183H, +362B, +24J
F. +13C, +19I, -247H, -16B, +27J

46.

A. -38C, +8I, +4H, -9B, +31J
B. -27C, +16I, -42H, -68B, +34J
C. -16C, +42I, 0H, -7B, -24J
D. +21C, +65I, -19H, +9B, -6J

47.

A. +21C, +35I, -16H, -32B, -2J
B. +11C, +28I, -7H, +24B, +17J
C. -2C, +2I, -9H, -83B, +12J
D. +7C, -4I, +13H, -1B, +21J
E. +35C, +12I, -9H, -19B, -50J

48.

A. +7C, +8I, +1H, -3B, +12J
B. +1C, +16I, 0H, -3B, +32J
C. -13C, +5I, +2H, -9B, +45J
D. +182C, +8I, +7H, -13B, -32J

49.

A. +83C, +102I, +68H, +12B, +9J
B. +69C, +109I, -7H, -28B, -22J
C. +35C, +42I, -68H, -436B, +59J
D. +1C, +3I, -9H, -5B, +2J
E. -999C, -999I, -37H, -125B, -999J

50.

A. -35C, -25I, -30H, -13B, +9J
B. +19C, +31I, -99H, -65B, +99J
C. +7C, -8I, -4H, +1B, +38J
D. +325C, -7I, +16H, +13B, -75J

51.

A. +25C, +20I, +16H, +3B, -2J
B. +2C, +33I, +3H, +2B, +4J

C. +3C, +16I, +1H, +2B, +1J
D. +32C, -16I, -6H, -2B, -14J

666.

A. +4C, +38I, +4H, -6B, +87J
B. +2C, -8I, +16H, +26B, +15J
C. -7C, -32I, +18H, +5B, +1J
D. -19C, -9I, +3H, -13B, +4J

Alors heureux ?

NB : vous aurez besoin d'un dé à six faces pour ce test et de cinq dés pour jouer au Yam's, mais c'est peut-être pas le moment.

Vous êtes chrétien

Bravo. Vous avez désormais la chance d'avoir une religion qui normalement vous laissera pas mal de temps libre. Mais attention, les choses peuvent quand même se compliquer en fonction de votre courant. Jetez le dé. S'il indique 1, 2 ou 3, vous êtes catholique, 4 ou 5 vous êtes protestant, 6 vous êtes orthodoxe.

Modalités d'inscription :

Pointez-vous dans une église, prenez l'air triste mais serein. Sans rien dire, participez deux fois par an à la messe (Noël et Ascension par exemple) et pour enfoncer le clou (hum…) faites un truc de charité, genre tenir un stand à la kermesse, organiser un vide-grenier, etc.

Vous êtes musulman

Félicitations, il se pourrait bien que vous soyez dans le camp des vainqueurs. Jetez le dé. De 1 à 5 vous êtes sunnite. Pour le 6, vous êtes chiite ou vous avez le droit de relancer le dé mais une seule fois. Si vous êtes sunnite, encore un lancer et si le 3 sort, vous êtes salafiste.

Modalités d'inscription :

La voie royale, c'est la mosquée : approchez-vous de l'entrée et laissez faire. L'autre solution c'est l'inscription simplifiée sur Internet, mais gare aux arnaques. Astuce : si vous trouvez un conjoint musulman, ce sera plus simple.

Vous êtes hindouiste

Cool, vous allez vous réincarner ! Direction l'Inde. Faites vos valises et vos adieux. Allez, un dernier petit kif, rendez-vous dans votre *steak house* favori, commandez le T-Bone « Cholesterol lover » de 850 g et foutez-vous en l'air une dernière fois.

Modalités d'inscription :

Vous vous installerez d'abord à Pondichéry, ancien comptoir français le plus important. Ainsi vous trouverez des compatriotes pour tenter de vous soigner pendant votre première année de dysenterie. Si vous survivez, enfoncez-vous directement dans la première forêt et perdez-vous. Vous tomberez alors sur votre gourou qui vous enseignera divers types de mortification. Sinon, vous

vous ferez bouffer par un tigre mais, hé, vous vous réincarnerez illico.

Vous êtes bouddhiste

La classe ! Au boulot, les autres vont vous prendre pour un vrai cador. Les meufs vont adorer même si, attention, normalement faut éviter, mais soyez malin (fausses identités, nombreux portables, etc.). Lancez, le dé. 1, 2, 3, petit véhicule, 4 et 5 grand véhicule, 6 véhicule de diamant. Si c'est le 6, relancez le dé. Quel que soit le résultat, vous êtes bouddhiste tibétain ! Yeah !! Trop cool. Wouhou.

Modalités d'inscription :

Rendez-vous dans votre zone industrielle favorite et suivez cette liste :

– Un grand rideau orange pour votre robe.

– Une mini table basse pas trop bling-bling pour la base de votre autel.

– Un bouddha dans n'importe quel magasin de déco.

– Plein de petites babioles dans un magasin « tout à 1 euro » afin de garnir votre autel d'objets qui vous appartenaient dans une autre vie.

Vous êtes juif

Trop de fun ! Vous allez vous éclater avec toutes ces fêtes et ce Dieu si… singulier. Lancez le dé autant de fois que vous voulez et choisissez la branche qui vous plaît.

Modalités d'inscription :

Commencez par rencontrer un juif de manière faussement fortuite et enchaînez avec une première approche du type : « Ah, je viens toujours faire mes courses ici, j'adore le pain azyme et je n'en trouve nulle part… » Devenez son meilleur copain. Persévérez. Au bout de quatre ou cinq ans, il consentira à vous présenter son rabbin. Après dix à douze ans d'études de la Torah, vous pourrez enfin devenir juif. Un truc à éviter : le coup du conjoint, sauf si vous êtes sûr de vous à 100 %. C'est en général assez mal vu de choisir le Dieu unique pour coucher avec une femme.

Conclusion : L'Antre-Vue

Revenons-en au Diable qui, selon nous, existe. Il se trouve que nous avons fait des recherches et figurez-vous que nous sommes en mesure de vous indiquer où il habite…

Tenez-vous bien, il habite… tout au fond de vous ! Eh oui, il est là, tapi quelque part dans les tréfonds de votre inconscient ! Vous pouvez l'interroger, il vous répondra ! Si si ! Nous avons fait l'expérience et croyez-le ou pas, il est très disponible. Il est toujours OK pour un entretien. Ce qui suit est la transcription fidèle de la conversation que nous avons eue avec lui. Il a été de très bon conseil. Hommage lui soit rendu.

Nous :

— Bonjour, merci de nous accueillir.

Lui :

— *No soucy*, vous êtes chez vous… Tout au fond de vous.

— Tout d'abord, comment ça va ?

— Plutôt pas mal, merci. J'ai fait une mauvaise chute, il y a quelques siècles et je m'en remets doucement. Mais je ne suis pas du genre à me plaindre, vous savez.

— Nous souhaiterions vous poser quelques questions… Premièrement, comment devons-nous vous appeler ? Le Diable ? Belzebuth ? Lucifer ?

— Monsieur, c'est bien.

— Comment définiriez-vous le mal ?

— Je l'incarne. Me définir consisterait à me réduire. Or, comme vous le savez peut-être, je suis légion, donc indéfinissable. Je suis parcellaire, multiple… Définir, c'est finir.

— Waou, la classe quand même…

— Oui, bof… N'essayez pas de me flatter, c'est mon boulot ça.

— Nous avons tellement de questions à vous poser, nous ne savons pas par laquelle commencer…

— Vous voulez connaître vos dates de mort ?

— Non, non.

— Vous fumez juste ce qu'il faut pour y passer sous peu… Je vais vous faire souffrir en plus, alors que franchement, je vous trouve sympathiques. Mais c'est dans ma nature, j'adore voir une gueule s'ouvrir sur un long râle…

— Bon, si nous parlions plutôt de l'être humain plus globalement. Nous ne faisons pas grand cas de nos petites vies, vous savez.

— Menteurs… J'adore. Vous mentez comme j'aime, en vous persuadant que vous dites la vérité.

C'est bien. Ça nous rapproche. Donc, vous voulez savoir quoi exactement ?

— C'est-à-dire que, vu le tour que prend l'entretien, nous préférerions parler de choses futiles.

— OK, allons-y.

— Heuuuu... Platini ou Maradona ?

— Sacrée question, ça... Vous auriez fait tous les deux de très grands journalistes.

— Merci !

— Je plaisante... Maradona je l'ai fait sniffer à mort, ça l'a bien défoncé. C'était rigolo. Quant à Platoche, je l'ai mis sur la route de Blatter. C'était marrant de le voir en costume se prendre pour autre chose qu'un pousseur de ballon... Ceci dit, les deux étaient des putains de joueurs. Les deux se valent, franchement. Ils peuvent se serrer la main. La classe.

— ...

— Question suivante ?

— Sinon, vous voyez comment l'année qui va venir ? On veut dire d'un point de vue géopolitique...

— Franchement ?

— Oui.

— Je m'en bats les roustons.

— Ah ah ah !

— Qu'est-ce qui vous fait rire ?

— Vous ! Vous êtes super drôle, en fait !

— C'est-à-dire ?

— C'est-à-dire que vous nous faites rire ! C'est cool. On appréhendait un peu...

— Je vous fais rire ?

— Oui… Enfin, non…

— Oui ou non ? Je vous fais rire ? Vous me prenez pour un con, c'est ça ?

— Mais pas du tout ! Pardon si on va a offensé. On vous a offensé ?

— « Pardonne-nous nos offenses, comme nous pardonnons à ceux qui nous ont offensés… » Ah ah ah ah ah !!!!! J'adore… Mais non, bande de débris ! J'imitais Joe Pesci dans *Les Affranchis* de Scorcese. Vous l'avez pas vu ?

— Si, mais il y a longtemps. Vous voulez qu'on parle de cinéma ?

— C'est ce qu'on fait, non ? C'est surtout que comme vos questions sont les plus merdiques qu'on ne m'ait jamais posées, je meuble un peu, quoi.

— Comme on ne sait plus si c'est de l'humour, on ne sait pas trop si on doit rire.

— Selon vous ? (Bas :) Mais ils sont cons d'une force…

— On a entendu.

— Entendu quoi ? Quand j'ai dit tout bas : « Ils sont cons, mais d'une force… » ?

— Oui.

— Et alors ? Vous allez me faire quoi ? Je suis un fou, moi ! Je vous nique votre race tout de suite ! Y a un problème ?

— Non, non.

— Alors, vous posez vos questions de merde et vous vous tirez ! C'est clair ?

— Très clair, monsieur.

L'un d'entre nous :

— Moi, je comprends votre colère. Mon collègue s'y prend très mal…

L'autre d'entre nous :

— Mais pourquoi tu dis ça ?

— Voilà, c'est ça mon kiff ! Ça se divise au premier coup de feu. Je vous aime !!! Bravo !!! Belle démonstration d'égoïsme ! Vous êtes des cadors ! Vous avez le droit à trois questions, mais fissa. J'ai plein de monde à voir, il y a une grosse queue derrière.

L'un d'entre nous, en pouffant :

— Une grosse queue derrière ?

— Oui, après vous, quoi. Ah, c'était de l'humour ? Genre : j'ai une grosse queue derrière ? Blague sodomite ? Dans certaines circonstances j'aurais apprécié, mais là, vous me gonflez. Je vais vous cramer.

L'un d'entre nous :

— C'était déplacé. Pardon.

Lui :

— Pardon ? Non, mais je rêve ! Pardon.

L'un d'entre nous :

— D'autant que personne ne peut vous enculer, vous… C'est plutôt vous qui… enfin, je veux dire…

Lui :

— C'est fin, ça.

L'autre d'entre nous :

— Ouais, c'est la grande classe.

L'un d'entre nous :

— Tu dis jamais de conneries, toi ? Ça peut arriver à tout le monde, non ! ?

L'autre d'entre nous :

— À ce niveau-là, c'est de l'art.

Lui :

— Bon, on y va ? C'est bon ? Je vais quand même pas finir par vous rabibocher, c'est pas tout à fait mon boulot ça…

— OK. Donc trois questions. La première… Dans le livre que nous écrivons, dont le titre doit être *Comment choisir une religion ?*, nous affirmons que Dieu n'existe pas mais qu'il est urgent de feindre de croire, donc de choisir une religion, avant que les religieux de tous bords ne viennent nous torturer, nous flinguer, nous tuer au nom de leurs croyances. Ceci dit, si nous affirmons que Dieu n'existe pas, nous révélons que vous, en revanche, vous existez bel et bien… Et on affirme aussi que la fin du monde est proche.

— Oui… et donc ?

— Nous voudrions avoir votre sentiment.

— Sentiment ?

— Que pensez-vous d'une telle entreprise ?

— Je m'en cogne. Mais je pense que vous avez raison. La fin du monde est proche, dans la mesure où je vais prendre le pouvoir, et ce, définitivement. L'espèce humaine vit ses dernières heures, si je puis dire. Quant à savoir si Dieu existe, contrairement à ce qu'on a toujours dit à mon sujet, je ne l'ai jamais rencontré et cette histoire de chute n'a rien à voir avec lui. On dit beaucoup de conneries, et vous êtes bien placés pour le savoir. En même temps, je mens tout le temps, donc démerdez-vous avec ça. Je suis peut-être plus important que vous ne pouvez l'imaginer. On attribue certaines colères à Dieu, par exemple, et je peux vous dire que sur deux ou trois trucs assez gros, c'était moi… Mais je n'en dirai pas plus. Votre question, c'est quoi, exactement ?

— Heu… On a raison de penser ce qu'on pense ?

— Disons que quand on voit ce qu'on voit et qu'on entend ce qu'on entend, on a raison de penser ce qu'on pense. Non ?

Lui et nous :

— Ahhh ah ah !

Nous :

— Ce que vous nous dites peut faire l'effet d'une bombe ! Vous affirmez que vous n'avez jamais croisé Dieu ?!

— Manifestement, vous ne savez pas précisément ce que c'est que l'effet d'une bombe… Vous voulez ressentir le truc ?

— S'il vous plaît, non.

— Bon. Pour revenir à cette histoire de Dieu et moi, je vous le répète, je mens tout le temps.

— On n'en saura pas plus ?

— Écoutez, vous affirmez que Dieu n'existe pas et ensuite vous semblez étonnés quand je dis que je ne l'ai jamais rencontré. C'est à vous de vous mettre d'accord. Si vous pensez que je suis le seul à régner sur cette putain d'humanité, allez au bout du truc. C'est lourd à la fin.

— Vous avez raison.

— Merci de l'admettre.

— Ce qui nous anime, c'est la recherche de la vérité.

— Bla bla bla…

— Non, sérieux ! On a envie de savoir si on est dans le vrai ! On n'a pas tous les jours l'occasion…

— De parler avec le diable, qui vous répète qu'il ne fait que mentir… Va falloir repasser pour la vérité, mes petits lapins. Bon, comme vous êtes cons à bouffer du foin, et que je vous aime bien, je vais vous dire deux trucs. *Primo*, vous avez raison, Dieu n'existe pas. Je vous le signe en lettres de sang, le vôtre en l'occurrence ; et *secundo*, oui, l'existence humaine n'est qu'illusion, souffrances et oubli. Il n'y a rien à espérer, rien à attendre. Tout n'est que chaos et hasard. Les matheux sont les moins débiles, mais vous ne les écoutez pas. Certes, il y a des choses sympas… Certains d'entre vous sont capables de donner un sens à leur existence et à celle de ceux qui les suivent… Les grands politiques, les poètes, les musiciens, les artistes, les scientifiques… Oui, c'est vrai, parfois je me surprends à les admirer, même si souvent ils viennent à moi pour obtenir ce qu'ils veulent en échange de leur âme, et donc de souffrances infinies. Vous savez que j'ai un petit niveau en science de la souffrance ? Tiens, j'ai inventé un truc que je trouve pas mal du tout : au lieu de faire souffrir un couillon dans son corps pour l'éternité, je le fais souffrir pour l'éternité dans mille corps. Pas beau ça ? Fallait y penser, non ?

— …

— Sérieux ? C'est pas cool ?

— …

— Je vais finir par croire que vous ne méritez pas cet entretien.

— Si si ! C'est très très bien… C'est foutrement inventif. C'est vrai qu'il fallait y penser.

— Vous avez raison d'avoir peur, et en ce sens votre bouquin est finalement une bonne idée. Tiens, à ce sujet, le titre n'est pas bon. Votre connerie, là, il faut la titrer : *Bien choisir sa religion avant la fin du monde*. Ça fait moins guide foireux et surtout, il y a une injonction suggérée, et ça, j'aime bien. N'hésitez pas à me rendre hommage, ça mange pas de pain… J'en tiendrai compte.

— On va essayer, promis.

— N'essayez pas, faites. C'est mieux pour vous. D'ailleurs, juste un truc, je dis ça, j'ai rien dit, mais vous voulez en vendre des livres ? Celui-ci, par exemple, ça vous plairait de faire un carton avec ?

— Disons que ce serait pas plus mal, en effet. On fait pas ça pour ça, mais bon…

— Non, j'entends bien, vous faites ça pour l'Art, j'ai bien compris. Vous faites œuvre charitable, bla bla, mais ça vous aiderait pas un peu de toucher des droits d'auteur, non ? Juste de quoi vous payer une jolie baraque en bord de mer, un truc chouette, pas tape-à-l'œil ?

— Là, il va falloir en vendre beaucoup…

— C'est bien ce que je dis ! Les gars, soyez ambitieux, que diable ! Un peu de sang dans les veines ! Faut croire en vos rêves, les mecs. Vous n'arrêtez pas de stigmatiser vos contemporains en les qualifiant de suiveurs, d'amputés du rêve ! Les gars, faut se battre ! Faut remettre un peu de rêve dans tout ça ! Fin du monde ou pas, il vous reste un peu de temps pour profiter. Vous bossez pour quoi ? Vous êtes des trimards, des prolos du talent. Vous êtes doués, encore jeunes, putain… Vous allez regarder vos plus belles années se faner dans vos cages à poules ? Vos femmes vieillissent, elles commencent à faire sérieusement la gueule. Je ne vous comprends pas, sérieux. Vous la kiffez votre vie de petits joueurs ? C'est quoi le programme ? Une fois par semaine bobonne à l'horizontale et on regarde passer les petits culs bronzés en se disant que c'est pas pour vous. Non, mais les enfants, vous faites pitié, et j'ai du mal à dire le mot, croyez-moi… Bon, je vais pas vous laisser comme ça. C'est pas mon genre. Vous savez, j'en ai sauvé des vies qui se fanaient à rien tenter. Des destins contrits. Des volontés molles. J'ai tiré du sommeil pas mal de talents. Vous, je vous sens bien. Vous avez le truc. Vous y croyez, ça se voit. Vous êtes de la race des seigneurs. Les autres en profitent et vous vous regardez passer le train ?

— On vous arrête tout de suite, on ne croit pas en l'existence de l'âme, pour nous, comment dire…

— Parfait ! C'est encore plus simple, alors. Vous me la vendez, votre âme qui n'existe pas, et moi je vous fais kiffer à mort votre *fucking life* ! OK les jeuns ! ? On se la joue comme ça ?

— Heu…

— Quoi, heu ? Putain les mecs, vous n'y croyez pas en cette histoire d'âmes vendues et tout le toutime, du coup, c'est gagnant-gagnant, comme dirait l'autre. Non ? Attendez, c'est sans douleur ! On va pas se prendre la tête, on va faire les choses bien. On se connaît un peu maintenant. Voilà, la vie mérite d'être vécue. Vous, vous ne faites que survivre, et à grand-peine. Vous savez, j'en ai quand même sorti de la merde des qui voulaient en bouffer du caviar. Je sais faire. Alors ? Une belle bagnole, des meufs canon que même tu bandes les yeux fermés, du fric, de la chance en tout, un charme fou, jamais fatigué, jamais vieux, jamais mal, du succès en tout, du talent partout… Je vous jure, et j'aime pas jurer, une proposition comme ça, tu la refuses pas ou alors c'est que t'es con à bouffer du foin… Bon, vous signez en bas à droite, et je m'occupe de tout. Il sort quand le bouquin ? Il est tiré à combien ? Allez, les gars !

— On est cons à bouffer du foin, c'est vous qui l'avez dit, alors…

— Je mens tout le temps, les gars. Bon, on repart sur de bonnes bases. Vraiment, vous allez vous satisfaire de vos vies de merde ?

— C'est vrai que c'est pas génial en ce moment…

— Voilà.

— Et c'est vrai que si le bouquin pouvait faire un énorme carton…

— Mais ce serait justice, il est formidable ce livre ! Il va devenir culte, faites-moi confiance.

— Bon ben, d'accord…

— Vous voilà au sommet de la chaîne alimentaire, les garçons. Vous avez pris la bonne décision. Ça, c'est du bonhomme ! Soyez les bienvenus dans la cour des grands ! Ça fait quoi de perdre toute culpabilité ? Qu'est-ce qui vous ferait bien kiffer ? Coucher avec votre mère ? Manger de la chair d'enfant ?

— …

— Ça va, les gars, je déconne, pas la peine de faire ces têtes d'enterrement. Allez, champagne !

BONUS

Rassurez-vous, nous n'allons pas vous larguer dans votre nouvelle religion comme ça, à l'arrache. C'est pas la politique de la maison. Ainsi, et pour que les choses soient bien claires, nous avons décidé de répondre scientifiquement aux grandes questions que tous les nouveaux religieux comme vous se posent :

– Ouvrir la mer et marcher sur l'eau : mythe ou réalité ?

– Comment reconnaître un texte sacré ?

– Mon prophète est-il un super-héros ?

– Comment faire taire un darwiniste ou tout autre « scientifique » ?

Ouvrir la mer et marcher sur l'eau : mythe ou réalité ?

Pour répondre à ces questions sérieusement, il nous fallait trouver un expert qualifié dans la mécanique des fluides. Mais pas uniquement un expert théorique. Non, nous avions besoin d'un spécialiste qui a vraiment tâté du terrain.

— Allô ?

— Oui, bonjour monsieur, c'est bien la plomberie Gros Moulin ?

— Tout à fait, monsieur.

— Ah, on nous a dit le plus grand bien de vous, comme quoi vous saviez travailler et tout…

— Merci monsieur, vous êtes bien aimable, ça fait plaisir d'entendre ça de nos jours. C'est pas facile pour les petits artisans en ce moment de faire du bon boulot. On a du mal à trouver des matériaux mais on essaie toujours de travailler avec les mêmes fournisseurs. Notre force, c'est surtout qu'on a vraiment un fichier de clients qui nous font confiance. C'est ce qu'on appelle la fidélité, vous voyez ?

— Je crois que nous sommes sur la même longueur d'onde, monsieur Gros Moulin.

— Pardon, mais moi c'est madame Gros Moulin, monsieur Gros Moulin est parti sur une intervention en urgence… Un gamin qui a équipé le chat avec des palmes et des petites bouteilles d'oxygène artisanales et qu'a tiré la chasse. Mon mari l'a localisé dans la fosse septique et tente de l'attirer avec une souris dressée…

Nous (déçus et trouvant l'histoire inintéressante, la coupant sèchement) :

— Ah bon ? Du coup, ce serait peut-être mieux qu'on rappelle ?

— Comment ça ? C'est parce que je suis une femme, c'est ça ? Je suis tout à fait capable d'évaluer votre problème et de préparer l'intervention de mon mari. Je vous préviens, chez les Gros Moulin, on mange pas de ce pain-là. Mon mari, Raoul, il dit toujours : « La seule personne qui peut te traiter comme une chienne, c'est moi ! » Vous seriez pas des sales petits misogynes parigots de mes deux, hein ?

Nous (démasqués) :

— Non, non… C'est juste que nos questions sont assez… pointues, vous voyez ? Mieux vaut parler à Dieu qu'à ses saints…

Elle (voix de Fanny Ardant, subitement) :

— Mes seins ?

Nous (désarçonnés) :

— Non, les siens ! Bon, vous avez raison, vous pouvez sans doute nous aider et nous donner des premières indications sur notre problème.

— À la bonne heure ! Dites-moi tout !

— D'après vous, est-il possible d'ouvrir la mer en deux ?

— Quelle mer ?

— Ah, oui, pardon, la mer Rouge.

— Faut voir, ça fait quoi la mer Rouge ? On va dire 2 000 kilomètres de long sur 250 de large en moyenne, c'est ça ?

Nous (voix de quelqu'un qui fait semblant de connaître un livre dont il n'a jamais entendu parler) :

— C'est ça, oui…

— Mouais… Et on va dire quoi ? 500 mètres de profondeur en moyenne ?

— Cela nous paraît cohérent.

— Cohérent avec quoi ?

Nous (penauds) :

— Avec rien, pardon madame…

— Bon ben ça nous donne quoi, ça ? 2 000 fois 250 fois 0,5… ça nous donne 250 000 kilomètres cubes de flotte. C'est une approximation, les gars, si vous voulez qu'on intervienne, faudra refaire tous les calculs au propre.

— Bien sûr…

— J'préfère préciser.

— Donc pour vous, c'est possible ?

— Oh, là, là, attention, si on travaille ensemble, chez les Gros Moulin on aime faire de nos clients des véritables partenaires. Parce qu'au fond, c'est votre projet. Là, pour le moment, on est dans la phase d'étude, il faut que je comprenne exactement ce que vous voulez.

— On a eu de la chance de tomber sur vous, madame Gros Moulin…

— C'est mon travail, les gars et je le connais, c'est tout. Dites, m'en plus sur ce que vous voulez faire.

— On voudrait ouvrir la mer Rouge en deux pour faire un passage de, euh disons, 50 mètres de large avec deux murs de flotte sur les côtés pour pouvoir traverser à pied.

— Et faut que ça tienne combien de temps votre bordel ?

— Ben, 250 bornes au pas de course… On va dire 5 km/h, donc une bonne cinquantaine d'heures s'il vous plaît…

— Bon, je vais vous dire ce que je vois comme solution, d'abord faire péter une série de charges nucléaires bien placées pour vraiment ouvrir la mer. Faudra vous démerder pour les autorisations, mais on peut vous filer un coup de main. Après, ce qui va être coton, c'est de maintenir vos deux murs de flotte pendant cinquante heures…

— Ah…

Elle (comme si elle avait reçu la pomme de Newton dans la gueule) :

— Ce qu'il faudrait faire, c'est installer un jeu de turbines sous-marines des deux côtés de votre parcours. Il faudra aussi créer deux digues artificielles sous la flotte pour rendre le tout plus costaud. Ensuite, ça devrait vous faire deux vagues géantes en rouleau de chaque côté, entretenues par les turbines. En revanche, ça va pomper un max de courant, va falloir voir ça direct avec EDF. De toute façon, je vais vous faire un mail avec toutes les infos et un devis indicatif. Vous aviez une autre question ?

Nous (estomaqués…) :

— Euh, oui, pardon, est-ce que selon vous on peut marcher sur l'eau ?

— Bon, allez bande de connards, je me suis bien marrée avec vos conneries, mais Gros Moulin Junior vient de rentrer et faut qu'il graille le petit obèse. Nan, mais sérieux, vous croyez vraiment qu'à la plomberie Gros Moulin on va faire sauter la mer Rouge avec une bombe nucléaire… Foutez-vous bien vos 300 kilomètres de turbines dans le fion…

(Elle raccroche.)

C'est sur ces derniers mots énigmatiques que la « piste Gros Moulin » disparaît. Qu'a réellement cherché à nous dire Mme Gros Moulin ? Se trouvait-elle sous la contrainte ? Était-elle droguée ? Nous a-t-elle laissé des messages cryptés ? Ne nous donne-t-elle pas de précieux indices pour la retrouver lorsqu'elle parle de « turbines dans le fion » ? Une expression qui ne peut pas être le fruit du hasard.

Après trois appels tombés directement sur la messagerie, nous décidons, pour la sécurité des Gros Moulin, de respecter la décision de la famille et de les laisser disparaître. Où qu'elle soit, Mme Gros Moulin a emporté ses secrets avec elle…

Comment reconnaître un texte sacré ?

Comme nous vous l'avons expliqué, l'intégration – ou non – d'un texte dans les livres saints d'une religion est toujours sujet à débats et discussions. On dit d'un texte sacré qu'il fait partie du canon. Un texte exclu est appelé apocryphe, c'est-à-dire qu'il n'a pas été rédigé par l'auteur présumé. En fonction des courants ou encore de la région du monde dans laquelle se déroule la pratique de la religion, certains textes peuvent figurer ou non dans le corpus sacré. Mais de manière générale, ce choix est fait lors des giga-comités de direction du culte en question, comme les conciles chez les catholiques. Afin de vous aider à vous y retrouver, voici un petit exercice pratique : saurez-vous déterminer si les textes qui suivent sont sacrés pour une religion ou bien s'ils ont été écartés ?

N.B. : Toute ressemblance avec des chansons de variété est un hasard anachronique troublant.

Texte n° 1

Les juuuuuuuuuiiiiffffs et JuuuuuuddddAaAaAaAs,
ça me fait pas peuuuuuuur.
J'suis son fils, sa bataille.
J'veux pas que vot'foi foi déraille, oh oh oh.
Moi je vais vous racheter, Hé hé hé,
tous vos péchés
J'vais guider ses ouailles
J'veux pas que vot'foi déraille

Ça fait trois jours que je suis parti
Maintenant
C'est sur la croix que j'ai péri
Lentement
Avec les clous des Romains
Pas de crème solaire et avec un coup d'lance dans le flanc
Trahi sans remoooorrds
Par un aaaaami si grand
Pour trente francs

Texte n°2

Que tu es belle, que tu es agréable,
Ô mon amour, au milieu des délices !
Ta taille ressemble au palmier,
Et tes seins à des grappes.
Je me dis : Je monterai sur le palmier,
J'en saisirai les rameaux !
Que tes seins soient comme les grappes de la vigne,
Le parfum de ton souffle comme celui des pommes,

Et ta bouche comme un vin excellent,
Qui coule aisément pour mon bien-aimé,
Et glisse sur les lèvres de ceux qui s'endorment !
Je suis à mon bien-aimé,
Et ses désirs se portent vers moi.

Texte n°3

Pour Lui je suis parti en guerre
J'ai sorti des grands voiles
Et j'ai conquis le Levant
Au fond de ma grotte de pierre
J'ai trouvé mon étoile
Je l'ai suivie vingt-trois ans
Au Levant…

Texte n°4

Il faut se méfier des femmes,
Pour une qui est sage,
Il en est plus de mille qui sont folles et méchantes.
La femme est plus secrète que le chemin où, dans l'eau, passe le poisson.
Elle est féroce comme le brigand et rusée comme lui.
Il est rare qu'elle dise la vérité :
Pour elle la vérité est pareille au mensonge,
Le mensonge pareil à la vérité.

Texte n°5

Laisse tes idoles à Moïse
Embrasse le monothéisme

Direction la Terre promise
Tu seras si bien
Laisse au loin les pyramides
Tu es fait pour être apatride
Range-toi derrière mon égide
Et prends ma main…

Texte n°6

Ô enfants d'Israël, rappelez-vous Mon bienfait dont Je vous ai comblés, (Rappelez-vous) que Je vous ai préférés à tous les peuples (de l'époque).
Et redoutez le jour où nulle âme ne suffira en quoi que ce soit à une autre ; où l'on n'acceptera d'elle aucune intercession ; et où on ne recevra d'elle aucune compensation. Et ils ne seront point secourus.
Et [rappelez-vous], lorsque Nous vous avons délivrés des gens de Pharaon, qui vous infligeaient le pire châtiment : en égorgeant vos fils et épargnant vos femmes. C'était là une grande épreuve de la part de votre Seigneur.
Et [rappelez-vous], lorsque Nous avons fendu la mer pour vous donner passage ! Nous vous avons donc délivrés, et noyé les gens de Pharaon, tandis que vous regardiez.

Texte n°7

Dès que dieu m'le commandera je repartira
Quand il se fera le pharaon nous nous en allerons…
C'est pas l'homme qui ouvre la mer
C'est Dieu qui prend l'homme

Le Tout-Puissant, il m'a pris
Mais pas le samedi, c'est interdit

Texte n°8

Tiens, voilà du Bouddha
Voilà du Bouddha
Voilà du Bouddha

Solutions

1. Pas sacré ! Son fils, sa bataille, rejeté du Nouveau Testament et attribué à st. Daniel B.
2. Sacré ! Le Cantique des Cantiques, attribué au roi Salomon (tout comme l'Ecclésiaste), est un des textes les plus détonants du canon biblique. D'abord c'est un texte érotique, mais en plus on croirait le dernier zouk de Francky Vincent. « Je monterai sur le palmier » !? Sérieux ? Son intégration a entraîné d'invraisemblables débats, mais il a finalement été retenu tardivement dans le Tanakh et ensuite dans la Bible chrétienne.
3. Pas sacré ! Au Levant, rejeté du Coran et attribué à Quasimodo bin Garou et Celina fer-m'-lha Dion.
4. Sacré ! Non ce n'est pas du Booba mais bien du Bouddha. Intégré au Canon Pali comme propos tenus par le patron.
5. Pas sacré ! Les idoles à Moïse, rejeté de l'Ancien Testament, attribué à frère Ringo et sœur Sheila.

6. Sacré, bien sûr… Mais c'est le Coran ! (Souratc 2:47-50). Surpris ?
7. Pas sacré ! Dès qu'la mer se r'fermera, rejeté de la Torah et attribué à rabbi Renaud.
8. Pas sacré ! il s'agit du mantra de la Légion…

Mon prophète est-il un super-héros ?

Il vous arrivera peut-être de trouver secrètement que certaines des actions de votre prophète sont quand même chelous. C'est peut-être parce que vous attendez trop de votre héros ! Les super-héros, aussi puissants soient-ils, ont aussi leurs travers, leurs défauts, leurs points faibles et le poids des espoirs trop grands de l'humanité pèse souvent lourd sur leurs épaules. C'est pour cela qu'ils agissent parfois en dépit du bon sens. D'ailleurs, les scénaristes de super aventures s'inspirent beaucoup de celles des prophètes monothéistes. Orphelins, livrés à la providence, rebelles, combattant des ennemis plus puissants et plus nombreux, tout en œuvrant invariablement pour la justice. Sans oublier des habitudes vestimentaires douteuses (capes, robes…).

Jésus = Superman

Beaucoup de points communs entre l'agneau de Dieu et l'homme d'acier. Un vrai côté boy-scouts d'abord, toujours prêts à filer un coup de main. Question pouvoirs, on est dans le feu d'artifice. Jésus ressuscite en 33 après lui-même alors que Superman revient d'entre les morts en 1993. Mais Superman peut voler, et pas Jésus ?! Bien sûr que si : l'Ascension, il aurait fait comment, sinon ? Avec une catapulte ? Et si le Christ a ramené plusieurs personnes à la vie, c'est aussi le cas du fils de Krypton qui a ressuscité sa meuf, Loïs Lane, en utilisant un pouvoir interdit par son père et par Einstein : le voyage dans le passé en volant plus vite que la lumière dans le sens inverse de la rotation de la Terre (pas con !).

Niveau différences, Jésus n'a pas de rayons laser dans les yeux, mais c'est peut-être tout simplement qu'il ne les a jamais utilisés. On n'en sait rien.

Mahomet = Batman

Orphelins tous les deux, l'homme chauve-souris et Mahomet n'ont pas de super-pouvoirs. Eh oui, le milliardaire de Gotham City et le prophète de l'islam ne font pas de miracles, ils ne ressuscitent pas les gens… Ils ne peuvent même pas voler ! S'ils chopent un rhume, ils ont mal au crâne. C'est pour ça qu'ils travaillent en équipe. Batman a Robin, Batgirl, Catwoman, l'indispensable Alfred, le commissaire

Gordon… Mahomet a son cercle de fidèles. Nos deux charismatiques héros sont aussi très connus pour leurs nombreuses conquêtes féminines. Leur plus grand point commun ? Disons que contrairement à d'autres, ils ne sont pas du genre à tendre l'autre joue. Notons qu'en revanche, du côté de Gotham City, c'est plutôt Batman qui porte le voile intégral.

Shiva = … Shiva !

Shiva n'est pas un prophète, c'est un dieu, en toute simplicité. Mais c'est quand même un sacré super-héros. D'ailleurs, dans l'excellent film d'action tamoul « Shiva, The Super Hero », mélange de danse, d'arts martiaux et de n'importe quoi, la superstar indienne Vikram incarne un agent du fisc indien qui, découvrant une vaste fraude, revêt son super costume de coq (pourquoi pas ? Ce n'est pas plus con que l'homme-araignée ! ? Si quand même…) pour mettre des tartes à un super bad exilé fiscal. Nous ne vous recommandons évidemment pas officiellement de pirater ce film et sa suite. Et nous ne vous indiquons pas non plus que vous pouvez le trouver sur un site dont le nom commence par You et finit par Tube.

Shiva lui-même apparaît dans l'univers des Marvel. Pour l'anecdote, il s'est fait fracasser par Thor, provoquant l'émoi des hindous fans de comics, offusqués par ce manque flagrant de réalisme. Shiva défoncé par Thor ? C'est complètement marteau… Sous la pression, les scénaristes ont dû rebaptiser le super-méchant Shiva en Indra. L'honneur est sauf. Thor qui tape Indra, ça passe. Shiva a ensuite fait son retour dans l'univers du fils d'Odin de manière bien plus… crédible.

Shiva est aussi le nom du programme informatique, capable de contrôler des robots guerriers, chargés de l'anéantissement des survivants du programme expérimental Weapon X, dont un certain Wolverine.

Enfn, dans l'univers DC, Lady Shiva est une des ennemies de Batman, experte en arts martiaux et assassinats à mains nues.

Si vous vous demandez comment on fait pour savoir tout ça et où on trouve le temps de regarder des films, de lire des BD et d'écrire des livres, la réponse est simple : l'un des auteurs est puceau[1].

Bouddha = Yoda

« Fais-le ou ne le fais pas. Il n'y a pas d'essai. », « Un grand guerrier ? Personne par la guerre ne devient grand. », « Tu dois désapprendre tout ce que tu as appris. »… Yoda : le maître Jedi retiré du monde sur la planète Dagobah. Oui, Yoda est bouddhiste. Non mais alors vraiment, vraiment bouddhiste. Selon le chercheur américain Alexander Berzin – qui a quand même un doctorat d'Harvard,

1. On plaisante.

entre autres –, George Lucas a voyagé en Inde avant *Star Wars* et y a rencontré le maître de Berzin : Tsenzhab Serkong Rinpoché, célèbre tuteur et compagnon de débat du Dalaï-Lama. C'est Rinpoché qui serait à l'origine du personnage du nabot vert le plus cool de la galaxie. Mouais… pas convaincu ? Alors sachez qu'en pāli, « yodha » veut dire « guerrier » et qu'un dâgoba, qu'on appelle plus souvent un stūlpa chez nous, est un monument bouddhiste qui contient des reliques saintes. Ça y est ? Vous vous rendez compte que vous aviez raté ça ? Soyez indulgent avec vous-même, car comme dirait Yoda « Le monde est aveugle. Rares sont ceux qui voient. » Ah, non, zut ! Ça, c'est Bouddha qui l'a dit.

Moïse = Gandalf

La barbe, la robe, les sandales en cuir de randonneur allemand, le bâton magique… Non, il ne s'agit pas de l'avis de recherche d'un exhibitionniste mais bien de la description commune de Gandalf et Moïse ! Les similitudes entre l'enfant du Nil et le magicien gris, pardon, le magicien blanc, sont évidentes. Dans *Bilbo le Hobbit*, Gandalf ne guide-t-il pas les nains vers la Terre promise, Erebor, comme les Hébreux vers Israël ? Et ce n'est pas tout. Lors de la sortie d'Égypte, Moïse ouvre la mer Rouge puis stoppe le pharaon et son armée alors que dans le *Seigneur des Anneaux*, Gandalf et ses compagnons réussissent eux la traversée de la Moria, ville souterraine maudite. Traversée au bout de laquelle le magicien doit arrêter le terrible Balrog.

On vous entend ricaner derrière le livre : « Euh, pardon, mais Gandalf c'est pas un super-héros, c'est un personnage d'*heroic fantasy*, déjà Yoda on a avait trouvé ça limite, mais alors là… Quelle erreur lamentable, quelle faute de goût ! ». Très bien. Puisque vous le prenez sur ce ton, l'équivalent super héroïque de Moïse, c'est Aquaman, le roi de l'Atlandide. Éloigné de son peuple bébé. Élevé par des dauphins qui l'avaient surnommé Swimmer. Capable de communiquer avec les créatures marines. Imaginez, une féroce armée de crevettes. Bon, en tout cas, les similitudes avec Moïse, abandonné dans un panier sur les eaux et ouvrant la mer Rouge nous paraissent claires comme de l'eau de roche.

Comment faire taire un darwiniste ou tout autre « scientifique » ?

Nous vous recommandons, afin de garantir votre sécurité au maximum, de ne jamais confier à personne que vous êtes un incroyant sous couverture. Pour ne pas être démasqué, il est vital de vous préparer mentalement aux différentes situations qui se présenteront à coup sûr. Il ne faudra pas exploser de rire lorsque les fidèles se mettront à chanter un joyeux « prends ta barque, Dieu t'attend sur l'autre rive » à l'église, ou lorsque votre imam vous expliquera si oui ou non vous avez le droit d'utiliser le smiley cochon dans vos SMS, ou lorsque votre nouveau gourou hindou ultra-orthodoxe vous conseillera l'homosexualité dans le but avoué de ne pas avoir d'enfants et donc de rester pur, ou quand vous croiserez un bouddhiste en robe dans les toilettes d'une aire d'autoroute, ou encore lorsque votre rabbin vous démontrera que Dieu a demandé à Abraham de buter son fils par amour (?!). Non, vous devrez être fort et opiner lentement du chef avec l'air de celui qui acquiesce de toute son âme.

Mais quand on est infiltré dans la mafia, il y a une situation encore plus périlleuse que les autres : la rencontre avec d'autres flics. Il en va de même pour l'incroyant sous couverture. La rencontre avec des athées peut vite éventer vos techniques de camouflage. Imaginez, vous vous retrouvez pour la première fois à un dîner avec vos vieux copains du CNRS (ou de la CAF en fonction de votre niveau d'études) et ils apprennent que vous êtes désormais religieux pratiquant. Ça peut rapidement mal tourner. Voilà pourquoi, nous avons développé une technique d'auto-défense inédite pour bien leur fermer la bouche à tous ces maudits mécréants. C'est la Technique Religieuse Offensive Unifiée pour un Dîner Ultime avec des Cons : La TROUDUC.

Avant toute chose, souvenez-vous qu'ils sont bien plus cons que vous. Ne vous êtes-vous pas rendu compte, à temps, que votre attitude arrogante et impie allait vous mener à votre perte ? Ayez donc pleinement confiance en vous et votre mauvaise foi. C'est la base de la TROUDUC. La règle absolue de notre système : ne jamais vous embarquer dans une quelconque justification de vos croyances. Jamais ! Vous tomberiez inévitablement dans un piège puisque vous les savez vous-même secrètement toutes farfelues. Non, vous allez méthodiquement vous concentrer sur deux axes :

– Humilier vos interlocuteurs en leur démontrant leur ignorance dans chaque domaine, ce qui sera facile.

– Semer la graine du doute dans leurs esprits étroits pour la laisser germer.

À/ La fameuse théorie de l'évolution

Un gros morceau. Peut-être le plus dur à dépecer tant la théorie de l'évolution est admirable et séduisante. Toutefois, il en va de la survie de notre espèce. Oui, démonter Darwin aujourd'hui c'est darwiniste, c'est de l'adaptation. Cette pensée rassurante va vous permettre de le décrédibiliser sans scrupule en suivant notre plan : humilier et faire douter.

Situation : votre ami d'enfance, Jojo, se croit tout permis car il vous a prêté 75 000 euros et vous lance dès l'apéro : « Comment est-ce qu'on peut être assez con pour croire que l'homme ne descend pas du singe ? »

Étape 1 : Humilier.

Sans sourciller, répondez immédiatement que l'homme ne descend pas du singe. Les autres convives – ou plutôt cons vifs – vont immédiatement s'agiter et s'offusquer. « Mais vazy, comment t'oses dire ça, la France va crever avec des tarés dans ton genre… » Laissez passer le déluge… Dès qu'ils s'essoufflent, dites : « Ce n'est pas ce que je voulais dire, c'est juste que nous ne descendons pas du singe, nous avons, selon Darwin, un ancêtre commun, le singe serait donc plutôt un cousin. Je ne savais pas trop comment vous le dire car je ne souhaitais pas vous humilier. » Vos adversaires l'ont bien dans le cul. Ils regardent leur verre fixement. Portez-leur le coup de grâce : « La théorie de l'évolution est fort intéressante, elle offre une explication logique à certaines observations. Tiens, par exemple, il a récemment été observé que de plus en plus de rhinocéros d'Afrique naissaient sans corne, savez-vous pourquoi ? » Vos « amis » vont se précipiter dans la gueule du loup, Jojo le premier : « À cause des braconniers ! Comme ils sont chassés pour l'ivoire, Dame Nature les fait naître sans corne pour les protéger... » Regardez-le avec la condescendance du père pour le fils qui mouille son lit à treize ans. Laissez passer un ange ou deux. Prenez l'air gêné. « Jojo, tu penses sérieusement que Dame Nature, comme tu dis, est une fée qui décide si bébé rhinocéros va sortir de maman rhinocéros avec ou sans corne ? » Les autres participants du dîner se désolidariseront alors de Jojo et ce dernier commencera à chialer. Posez la main sur son épaule et poursuivez : « En réalité, naître sans corne est une anomalie génétique pour un rhinocéros, une anomalie génétique dominante. C'est-à-dire qu'il suffit qu'un des parents la possède pour la transmettre aux enfants. De surcroît, comme tu l'as fait judicieusement remarquer, JoJo, les rhinocéros sans corne ne sont pas chassés, ils sont donc moins stressés et en meilleure santé. Cela facilite ainsi leur reproduction. Voilà pourquoi leur population augmente, selon la théorie de Darwin. » Échec et mat.

Vous venez de faire comprendre à tout le monde que vous compreniez la théorie qu'ils essaient de vous imposer et pas eux. Plus personne ne va oser vous contredire.

Étape 2 : faire douter

Saisissez-vous d'une tomate cerise entre le pouce et l'index. « N'y a-t-il pas pourtant au moins une inconnue merveilleuse dans l'Équation de l'évolution ? Cette tomate cerise est le fruit – c'est le cas de le dire – d'un nombre incalculable de tentatives de croisement opérées par l'homme, non pas dans le sens de la survie de l'espèce, mais uniquement pour accompagner un petit rosé bien frais. D'où nous vient cette fabuleuse inspiration créatrice ? Et ne sommes-nous pas tous la tomate cerise de quelqu'un ? » Portez ensuite le petit fruit à votre bouche et croquez-le férocement.

B/ Le coup du Big Bang

Situation : Marco est arrivé en retard et n'a pu assister à votre triomphe sur Jojo. Il n'est pas aussi proche de vous que ce dernier, mais vous avez quand même couché ensemble pendant deux ans. Il a fait de laborieuses études d'ingénieur dans l'espoir d'intégrer la NASA mais, même en travaillant comme un âne, il était vraiment trop con à la base. Pourtant, il a su rebondir en devenant mentaliste pour les seniors atteints de la maladie d'Alzheimer. Son truc : faire croire aux pauvres vieux qu'il a effectivement retrouvé leur carte alors qu'ils l'ont oubliée. Alors qu'on vous fait goûter le vin, qui est dégueulasse, il lance : « Le Big Bang prouve quand même bien que la religion c'est de la merde en barre ! » Jojo, de peur d'en reprendre une bonne, s'enfuit aux toilettes.

Étape 1 : Humilier

Commencez par faire comprendre à la serveuse que vous voulez un autre vin en lui lançant votre verre plein dans la tronche – visez toujours la bouche –, sans prêter aucune attention à Marco. Après avoir fait ouvrir sept bouteilles différentes en hurlant, affirmez votre satisfaction d'un clin d'œil à la donzelle. Retournez-vous ensuite vers Marco : « C'est drôle ce que tu as dit sur le Big Bang, tu sais, dans les religions qui ont un démiurge… » Marquez une pause et passez chacun des convives en revue. Soupirez et continuez : « Un démiurge est un dieu créateur… Donc pour ces religions, en particulier les trois grands monothéismes, le Big Bang est considéré comme une preuve de la création, la version scientifique du *fiat lux* : Que la lumière soit ! C'est marrant, non ? L'Église catholique s'est beaucoup réjouie de la théorie du Big Bang, le pape Pie XII en particulier y a même vu la preuve de Dieu. D'ailleurs, c'est un chanoine catholique belge, Georges Lemaître, qui a posé les bases du Big Bang en 1927, grâce à sa théorie de l'atome primitif. Quel paradoxe… Il faut dire qu'à l'époque, on cédait moins à la démagogie facile qui consiste à opposer systématiquement religion et science. » Au revoir Marco, à un de ces quatre...

Étape 2 : Faire douter

Enchaînez sans temps mort. « Il est attendrissant de voir des gens intelligents penser que la théorie du Big Bang résout le problème de la création. C'est finalement une conviction rassurante. Il est plus effrayant de se demander quelle étincelle a pu déchirer le néant. »

C/ La soi-disant philosophie

Situation : Anna-Barbarella, que vous espérez vous faire, vient de vous rejoindre pour le dessert. Elle a vingt-deux ans et fait des études de lettres modernes à la Sorbonne pour devenir serveuse. Elle vient de commencer à lire *Le Monde de Sophie* et vous explique « qu'elle ne croit en rien et qu'elle est cartésienne ». Cas particulier de la technique TROUDUC, il ne va pas falloir trop l'humilier verbalement pour espérer l'humilier sexuellement. Jouez serré pour la serrer. Pas trop chaud pour la pécho. Restez zen pour la ken. Ne pas l'enfoncer pour la défoncer. Ne pas la mettre trop mal pour la lui mettre bien profond. Ne pas la blesser pour bien la baiser. Ne pas trop la sermonner pour pouvoir la ramoner.

Étape 1 : Humilier (mais pas trop, dans cette variante, nous allons plutôt manipuler)

Attention, terrain miné. Car comme le dit l'adage que nous venons d'inventer : femme vexée, branlette sur l'oreiller… Dans ce cas, il va falloir dialoguer.

— Comme c'est plaisant de discuter avec quelqu'un d'aussi cultivé que toi, Anna-Barbarella, si seulement la jeunesse française était à ton image.

— Merci, mais je ne me crois pas plus intelligente qu'une autre

— Certes, mais tu viens de dire que tu doutais de tout, comme Descartes. N'est-ce-pas une grande preuve d'intelligence ?

— D'intelligence, je ne sais pas, j'ai surtout eu la chance de recevoir une bonne éducation. Si j'étais née au Rwanda, je ne pourrais pas en dire autant…

— Penses-tu alors que tu aurais une religion ou bien que, tels Descartes et Spinoza, tu aurais trouvé la force de croire en Dieu en rejetant les dogmes, quitte à être une vraie rebelle ?

— Comme Descartes et Spinoza, bien sûr, comme Descartes et Spinoza !

C'est dans la poche.

Étape 2 : Faire douter

Théorème : pour coucher avec une étudiante en lettres, citez Nietzsche. Le problème c'est que c'est un exercice extrêmement périlleux. Car Nietzsche, trop malin pour perdre son temps à démontrer l'inexistence de Dieu, a préféré postulé qu'il s'agissait d'un ami imaginaire rassurant pour une humanité enfantine, une figure paternelle justifiant notre faiblesse. Alors, soyez vil jusqu'au bout et dites : « Nietzsche et son surhomme sont fascinants, mais cette vision de la religion ne s'applique en réalité qu'au christianisme qu'il détestait, considérant ses adeptes comme des fiottes, si j'ose dire… D'ailleurs, dans *L'Antéchrist*, n'a-t-il pas écrit : "Si l'islam méprise le christianisme, il a mille fois raison : l'islam suppose des hommes pleinement virils." Et moi, comme toi, je doute et, du coup, je ne suis pas du tout sûr que la spiritualité doive être virile, ma douce Anna-Barbarella… »

Vous devriez normalement avoir le droit de lui faire subir les pires outrages après ça.

Consignes de sécurité en cas d'apocalypse
Ne faites pas confiance aux ANGES !*
N'essayez pas de fuir ou de vous cacher, c'est ridicule.
Méfiez-vous de l'Antéchrist, c'est un piège
Tout ralliement à SATAN est définitif.
En cas de DELUGE procurez-vous une ARCHE
Restez PHILOSOPHE.
Préparez votre dossier pour le Jugement dernier
Trouvez le Messie. (bonne chance !)
AAAAHH !!!...
Ne contre-attaquez pas...
* Ce sont des suppôts de Dieu, ils vous crameront sans hésiter.

Remerciements

De peur d'éventuelles sanctions, **Sébastien Dourver** remercie…

Celle qui croit en lui :

– Inès Barbier

Ceux qui lui ont offert l'asile :

– Jacqueline et Robert Dourver

– Monique et Bernard Barbier

Celles qui l'aiment quand même :

– Véronique Mèle

– Marine Dourver

Celle qui nous fait confiance :

– Florence Lottin

Il en profite pour embrasser ses trois mini-succubes : Lucie, Uma et Niki.

*

Samir Bouadi estime que c'est lui qu'on devrait remercier.

Mise en pages par Meta-systems
59100 Roubaix

Imprimé en Italie par «La Tipografica Varese Srl», Varese

N° d'édition : L.01EUCN000666.N001
On plaisante…

N° d'édition : L.01EUCN000777.N001
Dépôt légal : novembre 2016